Liebe Leserinnen und Leser,

Regensburg gilt vielen als eine der schönsten und geschichtsträchtigsten Städte Deutschlands. Geht es freilich um »Orte der Reformation«, so denken die meisten wohl zunächst nicht an die oberpfälzische Metropole, sondern an andere Stätten innerhalb und außerhalb Bayerns. Martin Luther trat andernorts in Erscheinung, die dramatischsten Ereignisse dieser Zeitenwende spielten sich in anderen Städten ab. Die Reformation in Regensburg kam erst spät, sie war leiser, moderater, reifer.

Genau darum aber lohnt ein zweiter Blick auf die Dinge: Tatsächlich ist Regensburg jene Stadt Altbayerns, die in der Reformationszeit die größte Bedeutung besaß. Zugleich war Ökumene für ihre Bürger von Anfang an kein Fremdwort, sondern gelebte Wirklichkeit. Berechtigte Eigeninteressen der anderen sollten gewahrt bleiben. Das klare Vertreten der eigenen Weltanschauung und Position war mit dem Streben nach Dialog und Konsens verbunden. Von diesem gelebten Miteinander der Kulturen und Konfessionen kann Regensburg bis heute profitieren.

In diesem Sinne soll dieses Journal die Stadt als einen solchermaßen vermittelnden Ort der Reformation einer breiten Leserschaft zugänglich machen. Einladend ist diese Perspektive längst nicht nur für evangelische Christen. Alle Interessierten sind herzlich eingeladen auf eine Entdeckungsreise an jene Orte der Stadt, die noch heute von einem epochalen Wandel in der Kirchen- und Kulturgeschichte zeugen.

Ihr

Regionalbischof Dr. Hans-Martin Weiss
Herausgeber

Inhalt

68 Kirche, Stadt und Gemeindeleben

Zum Geleit

—

VON JOACHIM WOLBERGS

Erst 25 Jahre nachdem Martin Luther 1517 in Wittenberg seine Thesen zur Reformierung der Ablass- und zur Bußpraxis der katholischen Kirche veröffentlichte, entschied sich der Rat der Freien Reichstadt Regensburg 1542, das protestantische Glaubensbekenntnis offiziell anzunehmen. Bis dahin hatte die Stadt bewegte Zeiten erlebt: 1519 war in einem Pogrom die ansässige jüdische Gemeinde vertrieben worden. Ein kurzer, aber heftiger Wallfahrts-Boom zur Schönen Maria hatte zum spektakulären Bauprojekt einer großen Wallfahrtskirche geführt, die zwar niemals ganz fertiggestellt wurde, aber ab 1542 als Neupfarrkirche für den evangelischen Gottesdienst zur Verfügung stand.

Innerhalb der Freien Reichsstädte stellt das späte Datum der Reformation eine Besonderheit dar. Nach den ersten Anläufen in den Jahrzehnten zuvor war der Rat im Vorfeld bemüht, sich nach allen Seiten hin abzusichern. Dieses geschickte Verhalten führte dazu, dass der Konfessionswechsel der Bürgerschaft ohne größere Unruhen ablief und das Hochstift Regensburg und die Reichsklöster innerhalb der Stadtmauern ihren Rechtsstaus beibehalten konnten. Diese zweite Besonderheit – dass nämlich von nun an beide Konfessionen in der Stadt prominent vertreten waren – sollte mit dazu führen, dass einige Jahrzehnte später Regensburg zur alleinigen Reichstagsstadt und ab 1663 zum Ort des Immerwährenden Reichstags werden sollte.

Inmitten der Wirren des Dreißigjährigen Krieges entschied sich der Rat der Stadt zum Bau der Dreieinigkeitskirche. Dieser Neubau ist die erste barocke Kirche der evangelischen Christen in Deutschland. Bis heute bietet der Kirchturm einen spektakulären Rundumblick über die Regensburger Altstadt. Ihr Kirchhof ist überregional bekannt dadurch, dass er für manchen Angehörigen einer protestantischen Gesandtschaft am Reichstag zur letzten Ruhestätte wurde.

Zu einigen Ereignissen der Reformation hat sich in Regensburg eine Erinnerungskultur im öffentlichen Raum erhalten. So zieren die Porträts der beiden Protagonisten des berühmten Regensburger Religionsgesprächs Melanchthon und Eck den Innenhof der Neuen Waag. Das Historische Museum der Stadt zeigt neben dem Porträt des Ratskonsulenten und großen Befürworter der Reformation in Regensburg Johannes Hiltner die 1574 angefertigte Erinnerungstafel an den ersten Abendmahlsgottesdienst anno 1542. Gleichzeit beherbergt es den von

Joachim Wolbergs ist Oberbürgermeister der Stadt Regensburg

Michael Ostendorfer für die Neupfarrkirche um 1554/1555 geschaffenen Reformationsaltar, dessen Bildprogramm, entworfen vom Theologen und Reformator Nikolaus Gallus, innerhalb der protestantischen Bilderwelt einzigartig geblieben ist.

So mag Regensburg anno 1542 nicht eine Reformationsstadt der ersten Stunde gewesen sein, aber gerade ihre spezifische Geschichte der Reformation weist einige bedenkenswerte Besonderheiten auf, die der Freien Reichsstadt einen respektablen Platz im Kreis der Reformationsstädte Deutschlands zuweisen.

Diese facettenreiche und spannende Geschichte in einem Journal zusammengetragen zu haben ist das Verdienst von Regionalbischof Weiss, dem ich an dieser Stelle für sein Engagement über alle Maßen danken möchte. Ebenso gilt mein Dank der Evangelischen Verlagsanstalt Leipzig, den Band über Regensburg in die Reihe der Orte der Reformation aufzunehmen und verlegerisch zu betreuen.

Nicht zuletzt wünsche ich dem geneigten Leser eine spannende literarische Zeitreise durch die Reformationsgeschichte Regensburgs und lade ihn herzlich ein, die Stadt und ihre Stätten der Reformation zu besuchen.

Ihr

Joachim Wolbergs, Oberbürgermeister

STADT MIT WELTERBE — *hier thronten und regierten die Kaiser: Fäden aus ganz Europa liefen im Reichssaal zusammen. Und manch Kaiser warf das Geld aus diesen Fenstern hinaus.*

WELTBERÜHMT IST DER KNABENCHOR
»REGENSBURGER DOMSPATZEN« — *Der Chor steht auch für die Ökumene in Regensburg. Seit zwei Jahren werden die evangelischen Schüler bei den Domspatzen bis zum Abitur geführt.*

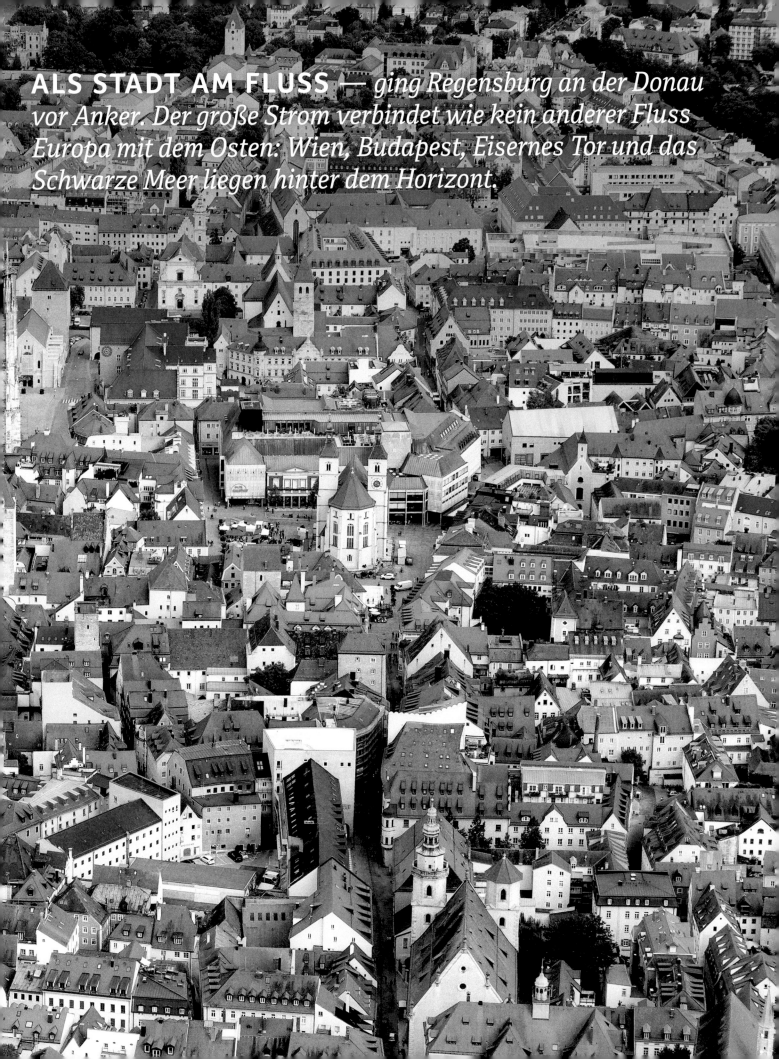

ALS STADT AM FLUSS — *ging Regensburg an der Donau vor Anker. Der große Strom verbindet wie kein anderer Fluss Europa mit dem Osten: Wien, Budapest, Eisernes Tor und das Schwarze Meer liegen hinter dem Horizont.*

Regensburg entdecken

Donau-Schifffahrts-Museum

Zwei historische Schiffe geben Einblick in die Geschichte der Donauschifffahrt.

▶ April bis Oktober: Di–So 10.00–17.00 Uhr;
Thundorfer Straße/Marc-Aurel-Ufer

Historisches Museum

Bedeutende Sammlung von der Römerzeit bis ins 19. Jahrhundert. Eine Kostbarkeit ist der Reformationsaltar von Michael Ostendorfer aus dem Jahr 1555.

▶ Di–So, Feiertage 10.00–16.00 Uhr;
Dachauplatz 2–4

Niedermünster

Unter der romanischen Kirche eröffnet sich eine der größten archäologischen Ausgrabungen Deutschlands. Eingebettet in ein Gewirr uralter Mauerreste liegen die Gräber bayerischer Herzöge und des Hl. Erhard.

▶ Führung So, Mo, Feiertag um 14.30 Uhr;
Anmeldung: Domplatz 5

Wallhalla – Ruhmestempel für Marmorköpfe

Das bedeutendste deutsche Nationaldenkmal beherbergt auf einem Donauhügel vor den Toren Regensburgs die Erinnerung an bedeutende Persönlichkeiten »teutscher Zunge«. Im Auftrag König Ludwig I. schuf Leo von Klenze einen Tempel, in dem seit 1842 Büsten von Berühmtheiten aufgestellt werden.

▶ tägl. von 9.00–17.45 Uhr
(Einschränkung Oktober bis März);
Bräuberg bei Donaustauf, 9 km östlich von Regensburg am Nordufer der Donau.
Anreise mit Schiff ab Regensburg möglich (Schiffanleger an der Steinernen Brücke)

Kunstforum Ostdeutsche Galerie

Kunstsammlungen ehemals deutscher Kulturräume in Europa. Werke u.a. von Lovis Corinth, Käthe Kollwitz, Max Pechstein, Lyonel Feininger, Oskar Kokoschka, Gerhard Richter, Markus Lüpertz, Andy Warhol.

▶ Di–So von 10.00–17.00 Uhr;
Dr.-Johann-Maier-Straße 5 (am Stadtpark)

Neupfarrplatz

2000 Jahre Geschichte sind unter dem Platz eindrücklich erlebbar: Reste römischer Offiziersbauten, jüdische Keller, Fundamente der Neupfarrkirche, ein NS-Bunker und ein Goldschatz.

▶ Führung Do–Sa um 14.30 Uhr
(Juli bis August zusätzl. So, Mo);
ticket Tabak Götz, Neupfarrplatz 3

Kepler-Gedächtnishaus

Hier starb der Astronom 1630.

▶ Sa, So, Feiertage 10.30–16.30 Uhr;
Keplerstraße 5

Reichstag

Original-Schauplatz des von 1663 bis 1806 tagenden Immerwährenden Reichstages. Hier finden sich die Lange Bank, der Grüne Tisch und das Fenster, aus dem der Kaiser das Geld auf die Straße warf. Anschaulich gruselig wird es im Folterkeller.

▶ Führungen Mo–So von 9.30–16.00 Uhr;
Rathausplatz

Schloss und Kreuzgang St. Emmeram

Prunkvolle Wohn- und Repräsentations-
räume des größten bewohnten Schlosses in
Deutschland. Mittelalterlicher Kreuzgang,
Grablege des Hauses Turn & Taxis.

▶ Führungen tägl. von 9.30–16.30 Uhr
  (Einschränkung November bis März);
  Emmeramsplatz, Schloss

Domschatzmuseum

Der Domschatz birgt wertvolle Stücke aus
Mittelalter und Neuzeit sowie das weltweit
einzigartige Schmetterlingsreliquiar von 1310

▶ Di–So von 11.00–17.00 Uhr;
  Krauterermarkt 3
  (Eingang über Bischofshof/Dom)

Schnupftabakfabrik

In drei originalen Räumen der einst größten
Schnupftabakfabrik ist ein faszinierendes
Stück Industriekultur zugänglich und kitzelt
es immer noch in der Nase.

▶ Führungen Fr–Sa um 14.30 Uhr;
  Gesandtenstraße 5

Hoch hinaus auf den Turm der Dreieinigkeitskirche

157 Stufen, vorbei an Glocken und niedrigen
Balken, dann ist das Ziel erreicht: der höchste
zugängliche Balkon der Stadt, 34 Meter über
der Altstadt. Ein wunderbarer Blick eröffnet
sich über die faszinierende Dachlandschaft
hin zu den benachbarten Türmen, zu den
Hängen des oberpfälzer Juras, zur Donau und
in den Gäuboden, der sich zu Füßen der Walhalla weitet. Nach Meinung des Diözesan-
bischofs Rudolf Voderholzer aber ist das
Schönste der einmalige Blick auf den Dom –
und natürlich auf die Neupfarrkirche, die
davor ihre Türme in den Himmel streckt.

Dass der Dreieinigkeitskirche auf Dach
und Turm gestiegen werden kann, ist einem
großen Team rühriger Menschen zu verdanken. Das Türmerteam öffnet die Türen und
beantwortet Fragen zu Turm, Kirche und dem
historischen Gesandtenfriedhof. Einige hundert Höheninteressierte kommen im Monat,
beim Katholikentag 2014 waren es über
tausend am Tag. Heinrich Bedford-Strohm
erklomm den Turm eine Woche vor seiner
Wahl zum evangelischen Landesbischof. Als
Bischof kam er wieder und bedankte sich
beim Türmerteam für das freiwillige Engagement der Damen und Herren. Deren sichtliche
Begeisterung steckte auch ihn an.

Fürstliche Schatzkammer und Marstall

Herausragende Objekte der Kunstsammlungen des Hauses Thurn & Taxis. Sammlung
repräsentativer Kutschen und Schlitten.

▶ Mo–So von 11.00–17.00 Uhr
  (November bis Dezember nur Sa–So);
  Emmeramsplatz, Schloss

Museum der Dreieinigkeitskirche

Einer der frühesten lutherischen Kirchenbauten Süddeutschlands mit prächtigem Turm-
blick.

▶ Ostern bis November, Mo–So 12.00–18.00 Uhr
  (auch länger); Dreieinigkeitskirche,
  Ecke Gesandtenstraße/Am Ölberg

Legionslagermauer

Ein Originalstück der Römermauer ist hier
frei zugänglich und dokumentiert.

▶ Am Parkhaus am Dachauplatz 2–4

STADT-RUNDGANG

Es hat etwas gedauert, bis es Regensburg gelungen ist, sich aus einem Dornröschenschlaf zu befreien. Heute steht die Stadt stärker und schöner da denn je und trumpft mächtig auf. Die komplett erhaltene mittelalterliche Altstadt ist in die Liste der UNESCO-Welterbestätten aufgenommen worden. Der Stararchitekt Norman Foster nannte sie »eine der schönsten Städte der Welt«.

Auf den Spuren der Reformation

Regensburg – Stadt der Ökumene

—

VON FRIEDRICH HOHENBERGER

◀ Seiten 14/15
Blick von den Domtürmen über die Donau zu den Donau-Ausläufern des Bayerischen Waldes

Die Stadtführung beginnt am Ufer der Donau, zu Füßen der Steinernen Brücke. Mächtig ragt hier der historische Salzstadel auf. An ihn duckt sich die Historische Wurstkuchl. Auf dem Platz davor findet sich ein bronzenes Stadtrelief, das einen guten Überblick für die Erkundung der Stadt gibt.

Flussaufwärts befindet sich der nördlichste Punkt der Donau, etwas flussabwärts ist die Mündung des von Norden kommenden Regen. Ihm verdankt Regensburg seinen Namen. Von Regensburg sind es 2.379 Fluss-Kilometer der Donau bis zum Schwarzen Meer. Im Mittelalter hielt sie der Reichsstadt den Rücken nach Bayern frei. Im Zeitalter der Reformation schied sie den Einfluss Wittenbergs von Rom. Über Jahrhunderte hat sie sich als Grenzfluss im kollektiven Bewusstsein verankert.

Im Hochmittelalter war Regensburg durch den Fernhandel zu einer der wohlhabendsten und einwohnerstärksten Städte des Reiches geworden. Bereits vor der ersten Jahrtausendwende musste die Stadt schon jenseits der römischen Mauern erweitert und befestigt werden. Die wohl folgenreichste

Investition der Stadt war in den Jahren 1135–1146 der Bau der Steinerne Brücke ❶. Aufgrund ihrer beeindruckenden Gründung überstand sie alle Hochwasser und Eisstöße.

1541 querte auch Philipp Melanchthon hier die Donau. Nur in Begleitung eines Arztes wagte er die Reise zum Religionsgespräch nach Regensburg. In Verhandlungspausen suchte er am Ufer der Donau Trost.

An der Brücke schieden sich die Welten. Als Papst Gregor dem alten julianischen Kalender zehn Schalttage hinzufügte, beharrte das evangelische Regensburg stur in der alten Zeit. Über hundert Jahre konnten weder Johannes Kepler noch gutes Zureden helfen. Briefe, die etwa am 12. Mai im katholischen Stadtamhof abgeschickt wurden, trafen diesseits der Brücke am 4. Mai ein. »In Bayern gehen die Uhren anders«, wurde zum geflügelten Satz.

Von der Steinernen Brücke führt der historische Stadtzugang durch den Brückturm in die Brückstraße. Hoch ragen Patrizierburgen in den Himmel. Eine der größten ist das Goliathhaus ❷. Mit seinen Zinnen, dem massiven Turm und dem Wandge-

Die Historische Wurstkuchl

Mit Bau der Steinernen Brücke wurde auch eine Garküche eingerichtet, deren Betrieb seit über 850 Jahren ununterbrochen im Familienbesitz betrieben wird – allen Hochwassern, Moden und Spekulationen zum Trotz. Sie ist die älteste Imbissbude im Land, der Urahn aller Fast-Food-Stände, Take-aways und McDonald's. Sie ist bis heute für viele der beste Grund, Regensburg einen Besuch abzustatten. Gab es früher Gesottenes, so sind es heute die Bratwürste, aber auch der selbst gerührte Senf, das Kraut aus dem Gärkeller und das Schwarzer Kipferl, die zu einem Hinhocken verlocken.

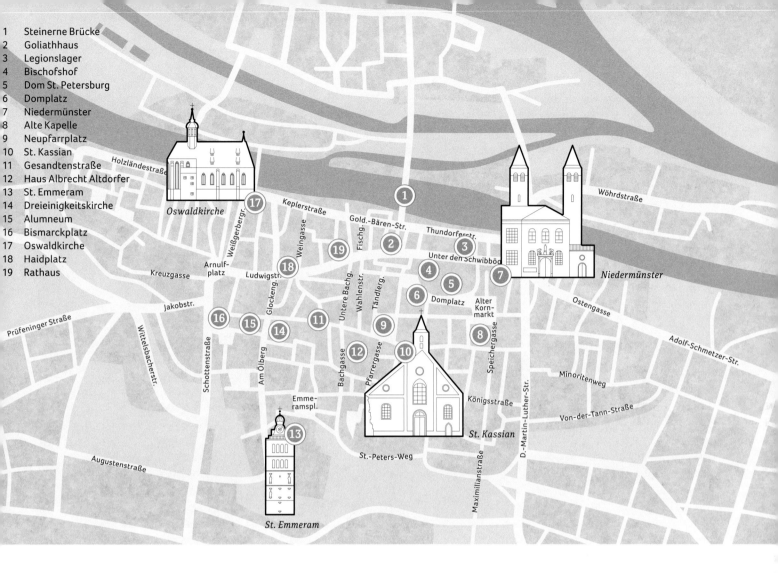

mälde hebt es sich aus dem Fassadenzug ab. Um 1260 wurde es auf der nördlichen Befestigungsmauer des ehemaligen Römerkastells von der Patrizierfamilie Thundorfer erbaut.

Das große Wandgemälde an der Außenfassade der Stadtburg zeigt den Kampf zwischen David und Goliath. Nur mit einer Steinschleuder ausgerüstet besiegt der kleine David den gepanzerten Riesen. Das Gemälde schuf 1537 Melchior Bocksberger, der aus einer evangelischen Kunstmalerfamilie stammte. Evangelische Regensburger erkannten in dem Goliathgemälde gerne eine Anspielung auf das Gerangel der Konfessionen und sympathisierten mit dem kleinen David gegen das katholische Umland.

Herberge fand im Rückgebäude auch Oskar Schindler (1908–1974). Die Liste, die er schrieb, inspirierte Steven Spielberg 1993 zu dem Film »Schindlers Liste«. Nach 1945 lebte der couragierte Mann im Goliathhaus. Das Haus diente damals als Herberge für mittellose Kriegsflüchtlinge. 1999 wurde Schindlers Koffer mit der berühmten Liste wieder entdeckt. Schindler ist am Zionsberg in Jerusalem begraben.

Die Goliathstraße führt links nach Osten entlang der ehemaligen Wehrmauer des Römerkastells. Unter den Schwibbögen befindet sich die Porta Praetoria, die neben der größeren Porta Nigra in Trier die einzige erhaltene römische Toranlage nördlich der Alpen ist. Sie war das Haupttor des 179 n. Chr unter Kaiser Marc Aurel geschaffenen Legionslagers ③. Aus dieser Zeit belegt ein Grabstein für Sarmannina eine christliche Bestattung. Geschichtlich greifbar ist ab dem 6. Jahrhundert die Ansiedlung der Bajuwaren. Herzöge aus dem Geschlecht der Agilolfinger errichteten im ehemaligen Römerlager ihren Hof, so dass Regensburg zur frühen Hauptstadt Bayerns wurde.

Das Domviertel: Zentrum kirchlicher und weltlicher Macht

Während ein Torbogen noch zu römischen Zeiten zur besseren Verteidigung vermauert wurde, führt das andere Tor der Porta Praetoria in den Bischofshof ④. Der Aufstieg in den Hof verdeutlicht, wie viel Kulturschutt sich im Laufe der Jahrhunderte

über dem römischen Geländeniveau angehäuft hat. Der Bischofshof diente seit Jahrhunderten Gästen als Herberge. Bemerkenswert ist der von Josef Michael Neustifter 1980 geschaffene Gänsepredigtbrunnen im Innenhof.

Wie in einer Multimedia-Show wurde der mittelalterliche Mensch mit allen Sinnen gepackt, wenn er im Dom St. Peter ⑤ einen Gottesdienst erlebte: Weihrauch für die Nase, buntes Licht für die Augen; und in die Ohren drang der Klang der Liturgie, die seit über tausend Jahren von den Regensburger Domspatzen engelsgleich gesungen wird.

Der Weg in das bedeutendste gotische Bauwerk Süddeutschlands führt an Domschatzmuseum und Domsakristei vorbei geradewegs vor den Hochaltar. Von Augsburger Silberschmieden geschaffen, zeugt er von der barocken Ausstattung der Kirche. Der Bau des Doms begann 1273. 1520, am Vorabend der Reformation, wurde er eingestellt. Als mittelalterlicher Dom war er nahezu fertiggestellt. Er blieb seiner Tradition treu. Seit fast 1.300 Jahren ist er ununterbrochen Sitz des römisch-katholischen Bischofs.

Der Domplatz ⑥ eröffnet Zugänge zum historischen Machtzentrum der Stadt und des Reiches. In wenigen Schritten sind hinter dem Domchor und der Dompfarrkirche St. Ulrich die seltene Doppelkreuzganganlage mit der Allerheiligenkapelle sowie das doppeltürmige Niedermünster ⑦ zu erreichen. Diese Kirche war Heimat eines Reichsstandes, des Damenstifts Niedermünster. Sie beherbergt historisch bedeutsame Grablegen europäischer Kaiser- und Königsfamilien sowie das Grab des 739 verstorbenen heiligen Bischofs Erhard. Am östlichen Ausgang des Platzes, hinter dem wuchtigen Turm einer ehemaligen Stadtburg, erstreckt sich der Kornmarkt. Er gab bayerischen Herzögen, Karl dem Großen, fränkischen Kaisern und deutschen Königen Platz für deren Pfalzbauten. An der Südseite erhebt sich die Alte Kapelle ⑧, deren Geschichte einer Legende zufolge auf die älteste Kirche nördlich der Alpen, eine bajuwarische Hofkapelle, zurückreicht. Kaiser Heinrich und seine Frau Kunigunde bedachten die verfallene Kapelle mit einer Stiftung. Deren Kanoniker, darunter Papstbruder Georg Ratzinger, sind seit über 1.000 Jahren dem Erbe verpflichtet.

Auf der gegenüberliegenden Seite des Domplatzes, an der Ecke zur Residenzstraße, residierte der von Napoleon eingesetzte Primas von Deutschland, der ehemalige Kurerzkanzler und Erzbischof von

Mainz, Karl Theodor von Dalberg. Der kleine Kurerzkanzlerstaat, der die Reichsstadt Regensburg und die Gebiete der hier ansässigen Reichsstände umfasste, war für drei Jahre das letzte geistliche Fürstentum in Deutschland. Seine Residenz ist gleichsam der Schlussstrich unter die Geschichte des Heiligen Römischen Reiches Deutscher Nation.

Heute ist vom alten jüdischen Viertel der Stadt nichts mehr zu sehen. Die Reste liegen unter dem Neupfarrplatz ⑨. 1519 wurden in Regensburg, nach einer langen Reihe ähnlicher Ereignisse im Reich, die jüdischen Mitbürger aus der Stadt gejagt.

Das eilig organisierte Pogrom war der Endpunkt eines jahrzehntelangen wirtschaftlichen Niederganges der Stadt. Martin Luther, den die jüdische Gemeinde um Beistand bat, war entsetzt. Am 15. Oktober 1542 wurde in der Neupfarrkirche mit der Feier eines lutherischen Abendmahles die Reformation eingeführt. Bis heute wird der dafür angefertigte große Kelch genutzt.

An der Süd-Ostecke öffnet sich der Platz zur unscheinbaren Kirche St. Kassian ⑩ (Kassiansplatz). Es ist die älteste Gemeindepfarrkirche der Stadt. Der romanische Kern stammt aus dem 9. Jahrhundert. Vom Hauptportal der Kirche führt das Straußgässchen in wenigen Schritten zur Pfarrergasse. Das Eckgebäude war Sitz des Evangelischen Superintendenten und beherbergt heute das Dekanat.

Ein Abstecher zum Ende der Pfarrergasse führt an ein großes Eckhaus am Obermünsterplatz. Hier befand sich ehemals der Staufferhof. Er war innerhalb der Reichsstadt gleich einem exterritorialen Gebiet dem Zugriff der Stadt entzogen. Die Familie der Ritter von Stauff zählte zu den ersten Förderern Luthers im Reich, unter ihnen Argula von Grumbach.

Wege in die Moderne

Die Pfarrergasse führt zurück zum Neupfarrplatz. Er trägt Narben der Geschichte. 1860 wurde der Langchor der Neupfarrkirche gefällig mit einem Westchor verschlossen und die Höhe der Türme einander angeglichen. Im Areal des 1972 fertiggestellte Großkaufhauses mussten zwölf historische Gebäude weichen. Der Neupfarrplatz zahlte den Preis für den Einzug der Moderne.

Die Gesandtenstraße ⑪ führt hinter dem historischen Brunnen nach Westen in das Viertel der Kaufleute und Bürger. Sie erhielt ihren Namen aufgrund der Gesandten des Immerwährenden Reichstages, die hier Wohnungen nahmen. Ein querlaufendes breites weißes Marmorband im Pflaster markiert

Der Regensburger Papstbesuch

Die Dominikanerkirche ist heute Heimat der Marianischen Männerkongregation und birgt eine um 1470 entstandene Schutzmantelmadonna. Am 12. September 2006 schmückte sie den Altar der Messfeier, der Papst Benedikt XVI. anlässlich seines Heimatbesuches auf dem Islinger Feld in Regensburg vorstand. Am Ende des Tages stand der Papst im Regensburger Dom gemeinsam mit dem evangelischen Landesbischof Johannes Friedrich und dem orthodoxen Metropoliten Augoustinos einer ökumenischen Vesper vor. Konkrete Schritte zu mehr Ökumene, die diesem schönen Zeichen folgen würden, blieb er schuldig.

die Westausdehnung des Römerlagers. Hier öffnet sich der Blick nach Norden in die Wahlenstraße. Dieser älteste Regensburger Straßenname leitet sich von seinen Bewohnern ab: den Welschen, oder den Waller. Es war die Bezeichnung für Italiener. Der Name verweist auf die wichtigen Handelsbeziehungen nach Italien, insbesondere nach Venedig.

Im unteren Bereich, findet sich links ein Laden mit einer weltberühmten Regensburger Spezialität: Luise Händlmaier's süßer Senf. Nach geheimem Hausrezept hergestellt, ist er weltweit mit Abstand der Marktführer aller süßen Senfsorten. Wo er gereicht wird, ist eine andere Regensburgerin nicht weit: die Regensburger Knackwust, die Dank EU-Recht regionalen Schutz genießt und mit vorgeschriebenem Innenleben ausgestattet sein muss.

Nach wenigen Schritten Richtung Emmeramsplatz im Süden liegt links das ehemalige Wohnhaus des Malers Albrecht Altdorfer ⑫ (1480–1538).

Emmeramsplatz

den edelsten deutschen Frauengrabsteinen zählt der Grabstein der Hemma im Nordschiff. Mit bezaubernder Anmut ist die Gemahlin König Ludwigs des Deutschen und Mutter der seligen Äbtissin Irmengard des Klosters Frauenchiemsee dargestellt.

Mit Auflösung des Reiches wurde das Kloster säkularisiert und die Klostergebäude wurden von der Familie Thurn und Taxis übernommen. Ab 1812 wurde St. Emmeram zu einer mondänen Residenzanlage im Stile der Neorenaissance ausgebaut.

Die großen, den Emmeramsplatz im Norden und Westen umgebenden Gebäude beherbergen die Regierung der Oberpfalz. Östlich, am Evangelischen Krankenhaus entlang, führen Auer- und Deischgasse an die Rückgebäude eines der größten mittelalterlichen Hauskomplexe, die sogenannte Schnupfe.

Westlich davon erhebt sich wie eine »Feste Burg« die evangelische Dreieinigkeitskirche ⑭. Zum hundertsten Gedenktag der Augsburger Konfession (1630) sollte sie mitten im Dreißigjährigen Krieg ein beeindruckendes Zeugnis für den Glauben der evangelischen Bürgerschaft abgeben. Am 5. Dezember 1631 wurde die älteste lutherische Gemeindekirche Süddeutschlands eingeweiht. Sie prägte durch Architektur und Ausstattung den lutherischen Kirchenbau nachhaltig.

Gegenüber dem Hauptportal der Dreinigkeitskirche führte zwischen den steinernen Bildnissen Martin Luthers und Philip Melanchthons ein großes Portal in das Protestantische Alumneum ⑮ (Am Ölberg 2). Ratsherr Johann Hiltner bewirkte 1530 die Errichtung eines reichsstädtischen Gymnasiums im Geist der Reformation. Die ersten fünf Rektoren wurden auf Empfehlung Melanchthons oder Luthers eingestellt.

Neben dem Alumneum führt die Predigergasse am Nordschiff der riesigen Dominikanerkirche entlang zum Bismarckplatz. Der Predigerorden gründete ab 1229 hier sein fünftes Kloster auf deutschem Boden. Als die Reichsstadt die Reformation einführte, fehlten der evangelischen Gemeinde geeignete Gottesdiensträume. Der Rat griff in seiner Not auch nach der Dominikanerkirche. Sie wurde im Langhaus für lutherische Gottesdienste simultan genutzt. Im Zuge juristischer Auseinandersetzungen erhielt der Orden seine Kirche gegen Bezahlung von 6.000 Gulden zurück. Das Geld wiederum legte den Grundstein für den Bau der Dreieinigkeitskirche. Das 1809 säkularisierte Kloster wurde später durch die Philosophisch-Theologische Hochschule genutzt und zu einer Keimzelle der Regensburger Universität.

Er ist der Begründer der sogenannten Donauschule. Weltberühmt ist aus seiner Hand die 1528 für Herzog Wilhelm IV. von Bayern geschaffene Alexanderschlacht, zu sehen in der Alten Pinakothek in München.

Das Ende der Bachgasse mündet in den Emmeramsplatz. An der Ecke befindet sich rechterhand, in die Fassadenflucht eingefügt, die Evangelische Bruderhauskirche (Emmeramsplatz 12).

Wer im Mittelalter Regensburg bereiste, sollte drei Dinge nicht versäumen: die Steinerne Brücke, die Gräber der Heiligen und das Goldene Buch. Er musste also nach St. Emmeram ⑬. Es ist die Kirche, die an Alter, Ausstattung und Weitläufigkeit alle anderen der Stadt überragt und wie ein bayerisches Nationalheiligtum geehrt wird. Mit Kaiser Arnulf und Ludwig dem Kind (gest. 911) liegen die letzten Erben Karls des Großen im Chorraum begraben. Zu

Am Bismarckplatz zog die Aufklärung in die Stadt. Gerne trifft sich die Jugend vor dem Haus der Musik

Am kleinen Platz vor der Dominikanerkirche erinnert eine Plakette an den großen Theologen Albertus Magnus. Aus Köln kommend, wirkte er 1237–1240 als Bischof in Regensburg. Zu Füßen des Platzes weitet sich der Blick über den Bismarckplatz ⑯. Er ist der städtebauliche Höhepunkt am Ende des alten Reiches. Karl Theodor von Dalberg (1744–1817), Kurerzkanzler und durch Napoleon zum Primas von Deutschland eingesetzt, brachte die Stadt zum Blühen. Es entstanden glanzvolle Bauten, die Regensburg auf seine Zukunft als Zentrum Deutschlands vorbereiten sollten. An den Längsseiten des Platzes reihen sich großzügige Gebäude, die verschiedensten Gesandtschaften, Dienststellen sowie dem Theater Raum gaben.

Hinter dem Theater, am Ufer der Donau, erhebt sich mit der Oswaldkirche ⑰ die zweitgrößte evangelische Kirche. 1553 wurde die ehemalige Spitalkirche lutherisch geweiht, vergrößert und im frühen 18. Jahrhundert prachtvoll mit Wessobrunner Stuck, reicher Akanthusmalerei, einer wertvollen Orgel und einem der größten evangelischen Bilderzyklen an Decken und Emporen ausgestattet.

Am Ort des Regensburger Religionsgespräches

Nach Osten führt die Ludwigsstraße zu Regensburgs guter Stube: dem Haidplatz ⑱. Große mittelalterliche Patrizierbauten begrenzen den schön geformten, italienisch anmutenden Platz.

Als Herberge für VIP-Besucher der Stadt diente das Goldene Kreuz, das in seiner langen Geschichte so viele gekrönte Häupter bettete wie kein anderes Gasthaus. Kaiserin Sissi liebte es, auf dem Turm unter dem Sternenhimmel zu baden. Kaiser Karl V. ließ sich 1546, am Rande der mühsamen Konfessionshändel, auf eine Liebesnacht mit der blutjungen Barbara Blomberg ein. Deren Frucht schrieb auf hoher See Geschichte als Don Juan d'Austria.

Im Gebäude der Alten Waag, an der Stirnseite des Platzes, fand 1541 das Regensburger Religionsgespräch zwischen hochrangigen Vertretern der Konfessionen statt. Die bedeutendsten Wortführer waren Philipp Melanchthon und Johannes Eck.

1245 erhielt Regensburg den Stadtfreiheitsbrief, also die Erhebung zur freien, nur dem Kaiser untertänigen Reichsstadt. Ab dieser Zeit konnte die Stadt ihren Magistrat und Bürgermeister frei wählen. Und es wurde das Rathaus ⑲ nahe der Grenze zum Bischofsviertel im typischen Stil einer kleinen Stadtresidenz mit hohem Turm eingerichtet und ausgebaut. Über dem prächtig verzierten gotischen Zugangsportal mit den Stadtwappen wachen die allegorischen Gestalten Schutz und Trutz. •

▶ FRIEDRICH HOHENBERGER
ist Studentenpfarrer an der Neupfarrkirche Regensburg und Mitglied der evangelisch-lutherischen Landessynode Bayern.

Das Alte Rathaus

Rathaus der Freien Reichsstadt, Bischofssitz und
Tagungsort des Immerwährenden Reichstags

—

VON CHRISTINE GOTTFRIEDSEN

Im Alten Rathaus in Regensburg sind jahrhundertelang die kommunalpolitischen Entscheidungen für die Stadt gefallen. Das Rathaus war auch der Ort, an dem über 250 Jahre lang vom Inneren Rat alle wichtigen kirchlichen Entscheidungen getroffen wurden – allen voran natürlich die Einführung des reformatorischen Gottesdienstes 1542 –, und das Rathaus war auch der Ort, an dem der Reichstag tagte, der ab 1663 zum Immerwährenden wurde.

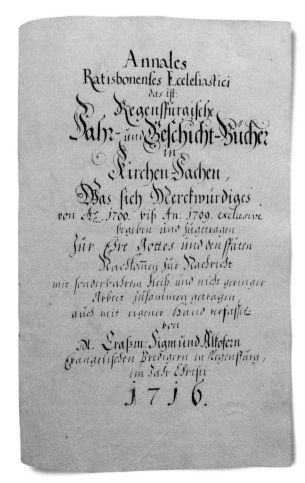

Diese Jahrbücher, von den Predigern Alkofer und Weidtner von 1700 bis ca. 1750 geführt, sind eine reiche Informationsquelle nicht nur über das kirchliche Leben in Regensburg

Die weltliche Obrigkeit und das Seelenheil der Untertanen

1588 wurde im Rathaus von einem Wohledlen Herrn Cammerer und Rath eine Kirchenregimentsordnung erlassen, die das kirchliche Leben in der Stadt regeln sollte. Eine jede christliche Obrigkeit muss auch dafür sorgen »wie Gottes Ehr und Wort, und also der Unterthanen ewige Wohlfahrt und Seeligkeit befördert werde.« Deshalb haben sie allen möglichen Fleiß darauf verwendet, »damit reine Lehr und rechter Gebrauch der Hochwürdigen Sacramenten nach Gottes Wort und Befehl in ihrer Stadt und commun angerichtet.« Unter anderem darf ohne Bewilligung des Rates nichts geändert werden bei der Ordnung, den Zeremonien und Gebräuchen in der Kirche, die Prediger sollen sich gegen jedermann fein christlich, freundlich und friedlich verhalten, sie sollen die Armen in ihrer Krankheit nicht weniger als die Reichen besuchen, bei Predigten sollen sie nicht zu lang in einer »materi« verharren und sie sollen sich nicht zu Ehestiftungen gebrauchen lassen. Und weil man leider in dieser Stadt mit und neben den Päpstischen in einer Ringmauer wohnen muss, soll darauf gesehen werden, dass zu Streitigkeiten, aus denen für die Stadt und für die Kirche eine Gefahr entstehen könnte, nicht mutwillig oder unnötig Anlass gegeben werde.

Im Rathaus musste neuen Kirchen-Agenden und Gesangbüchern für das städtische Kirchenwesen zugestimmt werden. Predigttexte zu besonderen Anlässen musste der Superintendent im Rathaus genehmigen lassen und ohne die Zustimmung des Rates durften keine Gebetstexte abgeändert oder ergänzt werden. Aus dem Rathaus kam neben immer wieder erneuerten Tauf-, Hochzeits- und Leichenordnungen 1715 eine sehr strenge Sonntagsordnung, die Gastereien, Tänze, Schlitten- und Spazierfahrten und Ähnliches verbietet.

Im Rathaus fielen alle kirchlichen Personalentscheidungen. Zwar hat das Konsistorium, ein Gremium aus drei Mitgliedern des Rates und drei Geistlichen, die im Rathaus zusammenkamen, hier Vorarbeit geleistet und eine Auswahl getroffen, aber letztlich wurde vom Rat darüber entschieden, welcher junge Mann neu ins geistliche Ministerium aufgenommen wird, also Prediger werden kann.

Gottlob verbesserte Zeiten

Das Zusammenspiel zwischen dem Rat und den Geistlichen verlief zunächst ohne große Probleme. Gegen Ende des 18. Jahrhunderts will dann allerdings ein rationalistisch geprägter Rat den Einfluss der Kirche stark eindämmen und auch Ausgaben sparen. Er verweist auf sein Recht, Änderungen in Kirchenangelegenheiten vorzunehmen und sie »auf die dermalogen Gott Lob verbesserte Zeiten und Begriffe einzurichten.« Feiertage, die das Erwerbsleben unnötig unterbrechen und den Taglöhner um sein Brot bringen, sollen abgeschafft werden, die Zahl der Prediger und der Predigten soll reduziert werden, dem Superintendenten soll die Mitsprache

in Schulangelegenheiten genommen werden, die Häuser, die die Stadt bisher den Predigern zur Verfügung stellte, sollen verkauft werden und auch bei der Amtstracht der Prediger will man Abstriche machen.

Vor allem zwischen dem damaligen Superintendenten Schäffer, der vom Pietismus in Halle geprägt war, und einigen Mitgliedern des Rates kam es immer wieder zu heftigen Auseinandersetzungen. Sie erreichten ihren Höhepunkt 1783, als der Rat ein neues rationalistisches Gesangbuch verpflichtend einführte. Die Auswahl und Änderung der Lieder dafür hatte in der Hand eines einzelnen Geistlichen gelegen. Weder wurde im Konsistorium darüber beraten noch wurde auf die Einwände des Superintendenten eingegangen. Nach Schäffers Tod 1790 ernannte der Rat dann einen Superintendenten, mit dem es mehr Übereinstimmung gab: Hieronymus David Grimm, der das rationalistische Gesangbuch zusammengestellt hatte.

Das Rathaus der Freien Reichsstadt bot auch den repräsentativen Rahmen für die Sitzungen des Reichstags. Sie fanden ab 1594 nur noch in Regensburg statt, ab 1663 dann immerwährend, der ehemalige Tanz- und Festsaal der Stadt wurde zum

Unter dem breiten Fensterband des Historischen Reichssaales befindet sich die reale Lange Bank, auf welche die Akten und Eingaben geschoben wurden, auf der sie auf ihre Bearbeitung hofften – und schließlich zum geflügelten Wort wurden

Reichssaal. Regensburg war von Wien aus gut zu erreichen und in Regensburg musste sich kein Herrscher und kein Gesandter konfessionell benachteiligt fühlen, es gab neben der evangelischen Stadt den katholischen Bischofssitz und verschiedene Klöster.

Die Gottesdienste beginnen für die Gesandten gar zu frühe

Die evangelischen Gesandten am Reichstag waren natürlich nicht ständig mit ihren Sitzungen im Rathaus beschäftigt, sie haben ein reges gesellschaftliches Leben in die Stadt gebracht und sie haben, mehr oder weniger intensiv, auch am evangelischen Gemeindeleben teilgenommen – was aber nicht immer ohne Probleme verlaufen ist.

In Regensburg fing traditionell die Frühpredigt, der Hauptgottesdienst am Sonntag mit Abendmahlsfeier, um halb acht an und das hat in den Lebensrhythmus der Menschen gepasst; den Gesandten war das entschieden zu früh. Sie wünschten eine spätere Zeit und mit Ratsbeschluss wurde schließlich der Beginn der Frühpredigt ab Ostern 1715 in der Dreieinigkeitskirche auf neun Uhr festgelegt. Trotzdem musste der Prediger Weidtner einige Jahre später resigniert feststellen, dass der Gottesdienstbesuch nachließ. Beliebter war die Mittagspredigt um 11 Uhr in der Oswald-Kirche. Passionspredigten morgens um sieben Uhr waren natürlich auch »der Zeit nach gar zu frühe«.

Im Laufe der Zeit entstanden in allen drei Kirchen auf den Emporen abgetrennte Kabinette, die sich Gesandte bauen ließen, eines davon war eingerichtet mit einem braunen Leder-Kanapee und sechs Lehnsesseln. In der Oswald- und in der Dreieinigkeitskirche sind einige der Kabinette erhalten.

Sie halten sich an keine Stadtordnung und Leges

Die evangelischen Gesandten, die nach Regensburg kamen, waren nicht alle lutherisch, sondern kamen zum Teil aus der reformierten Tradition. Manche Gesandte oder jemand aus ihrem Personal bekamen Kinder in Regensburg und immer wieder wurde dann eine Taufe ohne Exorzismus gewünscht. In vielen Fällen gaben die Geistlichen und der Rat, der natürlich auch hier die Entscheidungskompetenz hatte, nach. Man argumentierte, der Exorzismus sei eine menschliche Ordnung, die die göttliche bekräftigt und die man in christlicher Freiheit brauchen

Weizenbier für den Superintendenten

Das Recht, weißes Bier, also Bier aus Weizen, zu brauen, hatte in der Stadt Regensburg allein der Rat, genauso, wie es auch in Bayern ein ausschließlich landesherrliches Privileg war. 1620 ließ der Rat an der heutigen Weißbräuhausgasse ein Brauhaus für Weißbier errichten und Weißbier war auch fester Bestandteil der Besoldung für den Superintendenten der Reichsstadt. Superintendent Metzger, seit 1724 im Amt, notiert in seinem Amtstagebuch, was er neben seinem Gehalt an Sachleistungen bekommt: Außer 6 Schaff Korn, 1 Schaff Weizen, 20 Klafter hartes Holz und der freien Wohnung alle Woche ½ Eymer weisses Bier oder das Geld darfür.

Am Ende des 18. Jahrhunderts, als es der Stadt wirtschaftlich schlecht ging und man überall nach Sparmöglichkeiten suchte, strich man auch die »Special-Verwilligung« an weißem Bier für den Superintendenten. Der neue Amtsinhaber Schäffer setzte sich mit dem ganzen Ratsdekret, das die Änderungen festlegte, kritisch auseinander und in Bezug auf das Bier schrieb er, die gänzliche Beraubung des weißen Bieres könne man sich gefallen lassen, wenn die dermaligen Umstände es erfordern, aber er hoffe zuversichtlich und erwarte – zumal die künftige Besoldung des Superintendenten sehr gering ist –, dass der Rat aus väterlicher Liebe doch einiges an weißem Bier zugestehen werde. Die Hoffnung war vergebens!

Am Rathaus vorbei führt ein Durchgang zum Roten Herzfleck. Hier sollen die Damen des Liegenden Gewerbes zu finden gewesen sein. Die Ketten am Durchgang wurden gespannt, um bei Umzügen, wie an Fronleichnam, die Konfessionen friedlich zu trennen

oder nicht brauchen kann. Und man äußerte auch die Befürchtung, wenn man nicht nachgebe, würden die Gesandten reformierte Prediger in die Stadt holen – was teilweise auch geschah.

Die reformierten Gesandten bekamen nicht nur Kinder, zuweilen starb auch einer in Regensburg. Wie sollte man ihn beerdigen? Man wollte sich weder dem Vorwurf unchristlicher Lieblosigkeit noch dem der Religionsvermischung aussetzen. Immer wieder suchte man nach Kompromissen, oft wurde auf eine Leichenpredigt verzichtet. Besonders begehrt war ein Begräbnisplatz bei der Dreieinigkeitskirche und auch darüber fiel natürlich die Entscheidung im Rathaus.

»Sie halten sich an keine Stadtordnung und Leges«, klagte der Prediger Weidtner immer wieder in den von ihm verfassten kirchlichen Jahrbüchern über die Gesandten. Das gilt auch für die rauschenden Feste, die sie feierten, etwa nach einem Sieg über die Türken oder nach der Geburt eines kaiserlichen Kindes, manchmal auch an einem Sonntag. Die Regensburger Sonntagsordnung verbot ausdrücklich das Tanzen, genauso wie Essen und Trinken über das hinaus, was notwendig ist.

Das ganze Reich in der Pfarrergasse 5

Trotz aller Probleme war man natürlich auch um ein gutes Miteinander bemüht. Die Kirchen profitierten

von Geschenken der Gesandten. Die Frau des kursächsischen Gesandten Freifrau von Schönberg etwa schenkte der Dreieinigkeitskirche ein Kanzel- und Altartuch, »welches Sie selbst und ihre beede Fräulein Töchter mit eigener Hand meistentheils verfertiget, um und um mit breiten goldenen Borten besetzt«. Andere Gesandte stifteten Geld für soziale Zwecke und der Superintendent Serpilius lud zu Beginn des 18. Jahrhunderts einmal im Jahr alle Gesandten, auch die katholischen, zu einer Mahlzeit in seinen Amtssitz ein – in das heutige Dekanatsgebäude in der Pfarrergasse 5.

1806, mit dem Ende des Heiligen Römischen Reichs und damit auch des Reichstages, kam dann das Ende der Kontakte zwischen dem evangelischen Regensburg und einer »internationalen« High Society und das Rathaus war wieder ausschließlich ein Ort für lokale Entscheidungen. •

▶ **DR. CHRISTINE GOTTFRIEDSEN**
ist Theologin und betreut das Evangelisch-Lutherische Kirchenarchiv Regensburg.

Die jüdische Gemeinde in Regensburg

Geschätzt – geduldet – verfolgt – vertrieben

VON GEORG KÖGLMEIER

Die jüdische Gemeinde ist durch den Zuzug vieler Mitglieder aus den Ländern der ehemaligen Sowjetunion stark gewachsen und bereichert das Stadtleben

Der früheste Beleg für eine jüdische Ansiedlung in Regensburg, genauer: in einer südlichen Vorstadt, findet sich in einer Urkunde Kaiser Ottos II. für das Kloster St. Emmeram vom 2. April 981. Mit der Urkunde bestätigte Otto dem Kloster den Kauf eines Bauerngutes von dem Juden Samuel. Vermutlich lebten aber schon früher Juden in Regensburg. Von jüdischer Seite selbst wurde im ausgehenden 15. Jahrhundert angegeben, die Regensburger Gemeinde habe schon lange vor der Geburt Christi bestanden. Einen Beweis dafür gibt es freilich nicht.

Juden im Stadtbild Regensburgs

Lebten die Juden zunächst gemeinsam mit den christlichen Bewohnern der Stadt, so ist ab dem Beginn des 11. Jahrhunderts ein eigenes Judenviertel nachweisbar. Es befand sich im Umkreis des heutigen Neupfarrplatzes. In das Viertel führten erst vier, im Hochmittelalter sechs Tore, die von den Juden, die die Schlüssel verwalteten, nachts geschlossen wurden. Die Fläche des Judenviertels wird nach den jüngsten Ausgrabungen auf 14.000 Quadratmeter geschätzt. Durch das Viertel führten vermutlich drei weitgehend in Nordsüdrichtung verlaufende Gassen mit einer Breite von ca. fünf Metern sowie einige Querverbindungen.

Die Anzahl der jüdischen Anwesen sowie die Einwohnerzahl sind nicht genau bekannt. Schätzungen gehen von 30–40 Anwesen mit mehrstöckigen Häusern und rund 200 Bewohnern im 13. und 14. Jahrhundert sowie ca. 300 im 15. Jahrhundert aus. 1518, also kurz vor der Vertreibung, waren es wohl 500 Regensburger Juden, zu denen noch etwa 80 auswärtige Talmudschüler kamen. Gemessen an der Gesamtbevölkerung Regensburgs von 14.000 Einwohnern lag der Anteil der Juden bei etwa 4%.

Regensburg besaß damit im Vergleich zu Augsburg oder München mit jeweils nur etwa 100 jüdischen Einwohnern eine sehr große Judengemeinde.

Neben den Wohngebäuden befanden sich im Judenviertel auch Gemeinschaftseinrichtungen wie die Synagoge mit ca. 300 Sitzplätzen, eine Talmudschule, das Rabbinische Gericht, ein Hospital, ein rituelles Tauchbad (Mikwe) und ein Gemeindehaus. 1210 erwarben die Juden südlich der Stadtmauer ein Gelände zur Anlage eines Friedhofs.

Die Abgrenzung der jüdischen Bewohner von den Christen war von den Juden gewollt. Sie sollte die Bewahrung des Glaubens der Väter ermöglichen.

Die wirtschaftliche Bedeutung der Regensburger Juden

Wirtschaftlich waren die Regensburger Juden bis in das 11. Jahrhundert hinein im Fernhandel tätig. Sie handelten mit Gütern des gehobenen Bedarfs, also mit Stoffen, Pelzen, Waffen und Gewürzen, aber auch mit Sklaven, rüsteten ganze Karawanen aus und zogen mit christlichen Angestellten bis nach Russland. Nach der Verschärfung des kirchlichen Zinsverbotes im 12. Jahrhundert verlegten sie ihren wirtschaftlichen Schwerpunkt auf den Geldhandel. Ihre ökonomische Leistungsfähigkeit belegt ein Darlehen in Höhe von 500 Silbermünzen für den Bischof von Prag im Jahre 1107, für das dieser fünf kostbare Pallien verpfändete. 1182 stellte Kaiser Friedrich I. den Regensburger Juden ein Handelsprivileg aus, das ihnen gestattete, mit Gold, Silber und allen anderen Metallen sowie Waren aller Art zu handeln. Zudem waren die Juden dem Schutz, der Gerichtsbarkeit und der Steuerhoheit des Kaisers unterstellt. Sie erhielten dadurch die Rechtsstellung der Kammerknechtschaft, was nicht sozial deklassierend zu verstehen war. Auch die Verpflichtung, sich durch ein Abzeichen an der Kleidung als Jude kenntlich zu machen, bedeutete anfangs keine Diskriminierung, sondern sollte dazu dienen, die Juden als unter dem besonderen Schutz des Kaisers

Ehemalige Synagoge

An dieser Stelle im Turm des gotischen Wollerhauses, befand sich von 1841 bis 1907 die Regensburger Synagoge

1938 wurde das mittelalterliche Anwesen abgerissen

stehend zu kennzeichnen. Für ihre Privilegien mussten die Juden eine eigene Steuer, die Judensteuer, an den Kaiser bezahlen. Weitere Abgaben erhielten der Bischof und die Stadt, deren Rat als städtischer Obrigkeit rechtliche Befugnisse gegenüber den Juden zustanden. Für interne Angelegenheiten, etwa die Schlichtung von Streitigkeiten zwischen Juden, besaß die Judengemeinde eine weitgehende Autonomie.

Das Leben in der jüdischen Gemeinde

Die Regensburger Judengemeinde war nicht nur groß, sie war auch bedeutend. Ihre Talmudschule war weithin berühmt durch ihre Rabbiner, die Schüler aus vielen Ländern anzogen. Ihre höchste Bedeutung erreichte die Schule im 12. und 13. Jahrhundert. Zu den bekanntesten Lehrern zählte Efraim ben-Isaak (gest. um 1175), »der Große« genannt, der auch am Regensburger Gericht wirkte, vielbeachtete Gedichte verfasste und als einer der herausragenden Gelehrten seiner Zeit in Deutschland gilt. Etwas später lehrte Rabbi Jehuda he-Chasid (gest. 1217), »der Fromme«, in Regensburg. Er war aus Speyer gekommen und gilt als bedeutendster Führer der Chaside Aschkenas, der »Frommen Deutschlands«, war also ein Vertreter der Mystik. Obwohl die Schule nach ihm ihre große Bedeutung verlor, wurde sie noch 1518 von ungefähr 80 auswärtigen Schülern besucht.

Verfolgungen und Vertreibung

Von Verfolgungen blieben die Regensburger Juden lange Zeit weitgehend verschont. 1096 wurde die Regensburger Gemeinde allerdings von fanatischen Kreuzfahrern geschlossen zwangsgetauft, was aber ein Jahr später von Kaiser Heinrich IV. bei seinem Aufenthalt in der Stadt wieder aufgehoben wurde. Die Pogrome im 13. und 14. Jahrhundert, denen Tausende von Juden in Deutschland zum

Zu Füßen der Neu-
pfarrkirche schuf
Dani Karavan 2004
ein Bodenrelief, das
den Grundriss der
darunterliegenden
Synagoge sichtbar
macht. Der Ort ist
ein beliebter Ort der
Begegnung

Opfer fielen, überstanden die Regensburger Juden unbeschadet, da sie von Teilen der Bürgerschaft geschützt wurden.

Ab der Mitte des 15. Jahrhunderts nahm auch in Regensburg die antijüdische Haltung zu. Die Stadt war von wirtschaftlichem Niedergang gezeichnet und finanziell bankrott. Bettel- und Predigermönche hetzten gegen die Juden. In dieser Situation beschloss der Rat wirtschaftliche und gesellschaftliche Boykottmaßnahmen gegen die jüdische Bevölkerung. 17 Juden wurden wegen des Vorwurfs eines Ritualmordes jahrelang inhaftiert. Zudem beschwerten sich die Handwerker und Kleingewer-

betreibenden über die Geschäftspraktiken ihrer oft erfolgreicheren jüdischen Konkurrenten. Eine nicht unerhebliche Rolle bei dem schließlich folgenden Entschluss zur Vertreibung der Juden spielte der Domprediger Dr. Balthasar Huebmaier, der die Juden als Mörder Christi und Ausbeuter des christlichen Volkes verunglimpfte.

Als am 12. Januar 1519 mit Kaiser Maximilian I. der Schutzherr der Regensburger Juden starb, ergriff die Stadt die Gelegenheit. Nach einer entsprechenden Aufforderung von Handwerkern beschlossen die Ratsgremien am 21. Februar 1519 die Ausweisung der Juden. Sie mussten die Stadt innerhalb

Eine Gedenktafel am Brixener Hof erinnert an die Gräueltaten des Nationalsozialismus. Bis 2019 soll hier eine neue Synagoge entstehen

weniger Tage verlassen, durften nichts mitnehmen und ihr Eigentum auch nicht verkaufen. Die Pfänder und Schuldurkunden der Juden wurden beschlagnahmt. Die Strapazen der Vertreibung bei stürmischem und schneereichem Wetter kosteten zwei Frauen das Leben.

Die Gebäude im Judenviertel wurden abgebrochen, als erstes – bereits am 22. Februar – die Synagoge. Vor ihrer Zerstörung fertigte der Maler Albrecht Altdorfer, als Ratsmitglied wohl auch beteiligt am Beschluss zur Vertreibung der Juden, noch zwei Radierungen der Synagoge an. Zerstört wurde auch der jüdische Friedhof, wobei es sogar zur Schändung von Leichen kam.

An der Stelle der Synagoge errichtete die Stadt eine hölzerne Wallfahrtskirche zur »Schönen Maria«. Damit sollte verhindert werden, dass die Juden wieder zurückkehrten, da man davon ausging, dass kein christlicher Herrscher eine Kirche abreißen lassen würde.

Zaghafte Wiederbelebung jüdischen Lebens

Die Vertreibung der Juden war illegal, was von Seiten des Reichs auch festgestellt wurde. Allerdings wurde die Wiederaufnahme der Juden nicht durchgesetzt. Vielmehr billigte der neue Kaiser, Karl V., 1521 den Rechtsbruch und sicherte der Stadt zu, dass sie künftig keine Juden mehr aufnehmen müsse. Doch im Gegenzug musste die Stadt dem Kaiser die bisherige Judensteuer bezahlen.

Die Vertreibung von 1519 bedeutete den Untergang der Regensburger Judengemeinde. In den folgenden Jahren kamen Juden aus geschäftlichen Gründen wieder nach Regensburg. Ab 1614 wurden einige Juden dort in verschiedenen Funktionen zu Versammlungen des Reichstags zugelassen. Mit der Etablierung des Immerwährenden Reichstags 1663 lebten wieder mehrere jüdische Familien in Regensburg. Eine neue jüdische Gemeinde entstand 1788. ●

▶ **DR. GEORG KÖGLMEIER**
   ist Akademischer Oberrat am Lehrstuhl für Bayerische Landesgeschichte der Universität Regensburg.

Die Neupfarrkirche und ihr Platz

Ein sperriger und lebendiger Platz voller Geschichte und Geschichten

VON FRIEDRICH HOHENBERGER

Viele Gassen führen auf den Neupfarrplatz zu

Die Regensburger Altstadt hat viele schöne Straßenzüge und Plätze – und sie hat den Neupfarrplatz. Dieser Platz ist anders. Wer ihn – aus engen Gassen kommend – betritt, spürt es. Auf dem Platz schwingen historische Spannungen, kulturelle Entwicklungen und offen gebliebene gesellschaftliche Fragen. Der Platz ist lebendig, aber auch sperrig. Viele Regensburger beklagen, dass er hässlich sei. Er lädt kaum zum Verweilen ein – und doch trifft sich hier wie an keinem anderen Platz die Stadtbevölkerung. Hier wird gehandelt, umworben, diskutiert, gestritten und groß gefeiert. Mittendrin aber erhebt sich die Neupfarrkirche.

In Sichtweite des Doms

Dieser in Sichtweite zum Regensburger Dom zweite auf einem Sockel erhöhte Kirchenbau orientierte sich architektonisch an der italienischen Renaissance und hatte in der Kuppel des Florentiner Domes

ein Vorbild. Wie für die Renaissance typisch, wurden menschliche Idealmaße in die Proportionen der Architektur eingemessen. Hierin deutete sich bereits die Emanzipation des Humanismus vom engen Dogmatismus der Kirche an. Der auf dem Neupfarrplatz zu Stein gewordene kirchliche Triumphalismus hatte damit seinen größten Widerspruch in sich eingezeichnet und seinen Niedergang bereits architektonisch antizipiert. Tatsächlich brannte die Hysterie der Wallfahrt wie ein Strohfeuer ab und verlöschte. Neue Gedanken zogen in die Stadt. Der stolze Kirchenbau geriet ins Stocken – und verkam zur Bauruine. Lediglich der Langchor war aufgezogen und mit einer Holzdecke geschlossen. Süd- und Nordhallen waren eingedeckt und die beiden Türme hatten Höhe gewonnen. Das als Kuppelbau geplante Schiff aber war noch nicht einmal fundamentiert. Die zum Platz klaffende Lücke zwischen den Türmen wurde notdürftig mit einem Bretterverschlag geschlossen.

Die unvollendete Kirche macht den Weg frei

Die Existenz der unvollendeten Kirche wurde zum Glücksfall der Geschichte. Der Magistrat konnte als Eigentümer über diesen Bau und alle seine Personalien frei verfügen. So übergab er die nun (im Gegensatz zum Dom) Neue Pfarre der evangelischen Gemeinde als Heimat. Es entstand ein evangelisches Kirchenregiment, bei dem der bürgerliche Magistrat selbst die Rolle einer landesherrlichen Obrigkeit einnahm. Das andere – später als römisch-katholisch bezeichnete – Kirchenregiment musste nicht angetastet werden und konnte sein Existenzrecht behalten.

Mit dieser Doppelung der Kirchenregimente verfügte Regensburg über ein Alleinstellungsmerkmal, das es später als würdigen Ort eines Immerwährenden Reichstages auszeichnete. Regensburg konnte in seinen Mauern evangelische wie römisch-katholische Ständevertreter ebenbürtig beherbergen. Ohne die Neue Pfarre, die spätere Neupfarrkirche, wäre Regensburg wohl kaum am Beginn der Neuzeit das administrative und politische Zentrum Deutscher Länder geworden. Die Neupfarrkirche war dabei Impulsgeber und im sichtbaren Gegenüber zum römisch-katholischen Dom eine weit ausstrahlende Projektionsfläche dieser besonderen religionspolitischen Ordnungsidee.

Kirche und Platz sind Zeugen der Geschichte

Die politischen und nationalen Umgestaltungen in Folge der napoleonischen Kriege mischten die konfessionellen Karten in Regensburg neu. Obwohl die evangelische Oberschicht sukzessive die Stadt verließ, wurde der ruinenhafte Kirchbau in der zweiten Hälfte des 19. Jahrhunderts durch eine behutsame Westerweiterung baulich vollendet. Ausschlag hierfür dürfte 1859 die Vollendung der Domtürme gewesen sein. Ludwig Foltz führte 1860 die Westapsis als kompakten, architektonisch abgerundeten Baukörper aus, der bis heute eine geklärte Dominanz am Platz vermittelt: Diese Kirche weiß um ihre Rolle an diesem Ort. Die künstlerische Gestaltung war – obgleich sie eine historisierende Kunstsprache wählte – der damaligen Moderne verhaftet. Auch darin ist sie wieder Kirche des Ortes und der Zeit. Als solche begründet die Neupfarrkirche bis heute ihren Anspruch, an diesem Platz prägend zu wirken.

Als Sitz des größten Bayerischen Dekanates, als Pfarrkirche einer jungen, lebendigen Gemeinde, als Universitätskirche, als Ort hochkarätiger Kirchenmusik, als gute Nachbarin der jüdischen Schwestergemeinde und aller Anrainer sowie als Heimat der Arbeitsgemeinschaft christlicher Kirchen ist die Neupfarrkirche gut gerüstet, sich mitten in der Stadt den Herausforderungen der Zukunft zu stellen und die Stadt so mitzuentwickeln, dass sie gewinnt und bewahrt, was sie ererbt hat. Darin haben diese Kirche und ihr Platz ihre größte Geschichte immer noch vor sich.

Die Neupfarrkirche in Daten

Die Kirche ist nach Plänen von Hans Hieber ausgeführt. Ihr Stil markiert den Übergang von der Gotik zur Renaissance, welche insbesondere an Kapitellen

Im Kirchenschiff der Neupfarrkirche

und einer originellen doppelläufigen Wendeltreppe im Südturm ablesbar ist. Die Grundsteinlegung erfolgte am 9. September 1519. 1540 wird der Langchor zwischen den Türmen durch eine Behelfswand notdürftig abgeschlossen und geweiht. Am 15. Oktober 1542 wird mit Feier des ersten lutherischen Gottesdienstes die Reformation eingeführt. 1555 wird der Reformationsaltar von Michael Ostendorfer errichtet. Geplante tiefgreifende barocke Umbauten scheitern im 18. Jahrhundert an ihrer Finanzierung. Die Kirche bleibt ein Torso, bis 1860–1863 der Münchner Architekt Ludwig Foltz den Bau mit Errichtung der Westapsis stimmig vollendet. Im Inneren wurden auf vier Ebenen Emporen eingezogen und eine historisierende Ausstattung eingefügt. In den 1960er und 80er Jahren reduzierten umfangreiche Sanierungen den Innenraum zum heutigen Erscheinungsbild. Im neuen Jahrtausend wurden Außenhaut und Sockel saniert. Eine umfassende Ertüchtigung des Innenraumes steht an. ●

Das Protestantische Alumneum

Eine Zierde der Stadt

—

VON THOMAS KOTHMANN

»Eine der Zierden unserer Stadt ist der nun fertiggestellte Bau des protestantischen Alumneums«, kündete der Regensburger Anzeiger in seiner Ausgabe vom 28. November 1902 über die neueste bauliche Errungenschaft der Donaustadt. In kaum steigerungsfähigen Superlativen beschrieb der Redakteur den Neubau der traditionsreichen Einrichtung als die »geschmackvollste Verkörperung des modernen Jugend- oder Secessionsstyls«. Auch über ein Jahrhundert später ist der Bau noch immer ein imposantes Monument, selbst wenn heute nur wenig an seinen ursprünglichen Zweck erinnert.

Poetenschule und Gymnasium

Seit seiner Entstehung in den 30er Jahren des 16. Jahrhunderts war das Alumneum untrennbar mit dem reichsstädtischen Gymnasium Poeticum verbunden. Es bildete mit diesem eine bauliche Einheit im ehemaligen Anwesen des Reichshauptmanns Thomas Fuchs von Schneeberg, der sogenannten Fuchs'schen Behausung. Während sich im Westflügel die Räume der Poetenschule befanden, im Mittelbau die Bibliothek eingerichtet wurde, waren im Ostflügel die Alumnen untergebracht. Das waren zum einen die auswärtigen Schüler des Gymnasiums und zum anderen diejenigen Schüler, die aus mittellosen Familien stammend ein Stipendium für Kost und Logis vom Rat der Stadt bekommen hatten.

Untrennbar verbunden: Musik und Reformation

Als Gegenleistung mussten die Alumnen als Chorknaben bei Gottesdiensten, Kirchenfesten und anderen Feierlichkeiten mitwirken. Schon beim ersten Abendmahlsgottesdienst in der Neupfarrkirche am 15. Oktober 1542 sang ein Chor unter Leitung des Kantors Johann Stengel († nach 1558). Ohne die Alumnen wäre der Gemeindegesang in den ersten Jahren wohl kläglich ausgefallen. Denn in der Anfangszeit beherrschten die Gottesdienstbesucher weder die neuen Kirchenlieder noch die Liturgie. Dass der Chor »zur Beförderung der reinen Religion« vom Rat erhalten wurde, stand auch in der Schulordnung von 1719, insgesamt »24 arme Disci-puli«, die »ihre Wohnung auf der Schul haben sollen«. Deswegen sollte auch keiner aufgenommen werden, der nicht musikalisch begabt war. Verpflegung und Kleidung der Alumnen waren schlicht, das gemeinsame Essen wurde mit einem Tischgebet begonnen und beendet, und nach dem Essen las jeweils ein Schüler ein Kapitel aus der deutschen Bibel laut vor. Am Sonntag und Mittwoch besuchten die Alumnen in kleineren Gruppen die ihnen zugeteilten Stadtteile, die sogenannten Wachten, sangen vor den Häusern und sammelten Kollekten für das Alumneum. Bis 1912 gehörte der Chorgesang zu den wichtigen Aufgaben der Alumnen.

Politische Veränderungen gehen am Alumneum nicht vorbei

Als Regensburg nach dem Reichsdeputationshauptschluss unter Karl Theodor von Dalberg (1744–1817) zunächst Fürstentum wurde und 1810 schließlich an das Königreich Bayern fiel, war die Zukunft des protestantischen Alumneums ungewiss. Das verbliebene Grundvermögen war gering. Die Zahl der Alumnen, die freie Kost erhielten, wurden auf acht begrenzt. Es gab auch Forderungen, die Einrichtung ganz aufzuheben. Im Januar 1841 schrieb der evangelische Bürgermeister und spätere bayerische Innenminister Gottlieb Freiherr von Thon Dittmer (1802–1853) an die Regierung: »Der primäre Zweck des hiesigen Alumneums ist und bleibt immer die Unterstützung der Kirchen-Musik durch einen methodisch gebildeten Choral-Gesang und kann nach dem bestehenden Ritus der protestantischen Kirche zu keiner Zeit aufgegeben oder durch andere Sänger ersetzt werden.« So blieb das traditionsreiche Alumneum auch bestehen, nachdem der neue bayerische Staat 1811 das evangelische und das katholische Gymnasium unter dem Dach des Königlich Bayerischen Gymnasiums vereinte und dieses schließlich 1875 in ein neues Gebäude am Ägidienplatz verlegt wurde. Es blieb ein rein evangelisches Internat für die auswärtigen Schüler, die wie bisher zur Förderung des Kirchengesangs und der Kirchenmusik ausgebildet und im Gymnasium eine solide wissenschaftliche und christliche Erziehung erhalten sollten. Beim Einzug hatten die Alumnen »einen Mantel von dunkler Farbe, einen Frack nebst Weste und Beinkleid von schwarzer Farbe, einen runden Hut und eine einfache Schirmmütze, acht Hemden, zwölf Paar Socken« mitzubringen.

Verfall, Leerstand und Neubau

Ende des 19. Jahrhunderts verschlechterte sich der bauliche Zustand des Alumneums dramatisch. Gleichzeitig stieg die Zahl der Alumnen unter dem damaligen charismatischen Inspektor Hermann Bezzel (1861–1917), dem späteren Präsidenten des Protestantischen Oberkonsistoriums, wieder deutlich an. Als das Alumneum aus gesundheitspolizeilichen Gründen für mehrere Jahre geschlossen werden musste, wurde ein Neubau unumgänglich. Nach dem Abriss wurde in den Jahren 1901/1902 das Alumneumsgebäude am bisherigen Standort wieder aufgebaut. Es fehlte allerdings nicht an kritischen Stimmen, die für eine Verlegung plädierten, hatte man nach dem Abriss doch nun erstmals einen freien Blick auf die Dreieinigkeits- und die Dominikanerkirche.

Reformation in Stein gehauen

Als die Alumnen 1902 ihr neu errichtetes Domizil beziehen konnten, betraten sie es durch das mächtige Portal Am Ölberg, das bis heute in goldenen Lettern die Überschrift »Protestantisches Alumneum« trägt. Zu beiden Seiten befinden sich die Skulpturen der mit Regensburg eng verbundenen Reformatoren Martin Luther (1483–1546) und Philipp Melanchthon (1497–1560), geziert mit ihren jeweils auf Jesus Christus verweisenden Wappen, der Lutherrose und der ehernen Schlange. In Verbindung mit den Worten über dem Erker an der Nordostecke des Gebäudes: Humanitas, Pietas, Patria erinnern sie auch den heutigen Betrachter an das geistesgeschichtliche Erbe, das im Gymnasium Poeticum und seinem Alumneum über 450 Jahre hinweg gepflegt wurde: Humanismus und Reformation im Dienst von Stadt und Land, Evangelium und Kirche.

Die Schule genießt hohes Ansehen

Als pädagogische Einrichtung erfreute sich das Alumneum eines hohen Ansehens, das weit über die Grenzen Regensburgs und der Region hinausreichte, was sich auch an der Entwicklung der Schülerzahlen ablesen lässt. Um 1850 beherbergte es 40 bis 50 Alumnen, nach dem Neubau 1902 waren es 75, nach einem Umbau 1927 100 und im Jahr 1953 gab es sogar 130 Plätze. Als in den Jahrzehnten nach dem Zweiten Weltkrieg auch in den ehemaligen evangelischen Diasporagebieten neue Gymnasien errichtet wurden, ließ der Zustrom an Schülern ans Regensburger Alumneum allerdings immer mehr nach. Auch die Lage des Internates an einer verkehrsreichen Straße ohne Grünflächen sowie die nicht mehr zeitgemäße Ausstattung, mit Schlafsälen für 60 und mehr Schüler, machten die Einrichtung zunehmend unattraktiver.

Besitzwechsel und heutige Nutzung

1978 ging das Gebäude aus dem Besitz der Protestantischen Alumneumsstiftung in die Hände der Evangelisch-Lutherischen Kirche in Bayern über. Heute sind Archiv und Bibliothek verschwunden, dafür beherbergt es das Diakonische Werk, die Gesamtkirchenverwaltung, die Evangelische Studentengemeinde und das Evangelische Bildungswerk. Vor allem in letzteren beiden Einrichtungen lebt evangelisches Bildungsdenken in der Einheit von Humanitas und Pietas fort. •

Am Portal des Alumneums grüßt – neben Melanchthon – Luther lebensgroß die Besucher. Die große evangelische Bildungstraditon wird auch durch das Institut für Evangelische Theologie an der Regensburger Universität fortgeführt. Es ist international ausgerichtet, unterhält intensive Beziehungen zu Osteuropa und hat Theologen aus nahezu allen Erdteilen von Kanada bis Australien ausgebildet. Viele wirken heute in ihrer Heimat in leitender Position

▶ **PROF. DR. THOMAS KOTHMANN**
ist apl. Professor am Lehrstuhl für Religionspädagogik und Didaktik des Religionsunterrichts an der Universität Regensburg.

Das Katharinenspital an der Steinernen Brücke

Vom achten Weltwunder und einem Krankenhaus,
in dem die Insassen jeden Tag 0,83 Liter Bier tranken

—

VON CHRISTINE GOTTFRIEDSEN

Die »Steinerne Brücke«, die von 1135 bis 1146 erbaut wurde, war für den Fernhandel der Regensburger Kaufleute von entscheidender Bedeutung. Sie wurde von den Zeitgenossen als achtes Weltwunder bestaunt, nicht nur wegen ihrer beeindruckenden Architektur und Statik, sondern auch, weil sie während des gesamten Mittelalters der einzige feste Donauübergang zwischen Ulm und Wien war.

Bischof Konrad IV. errichtete mit erheblichen Mitteln, auch aus seiner Privatschatulle, am Nordufer der Donau, gleich westlich der Brücke, um 1220 ein Spital, für das bald der Name Katharinenspital gebräuchlich wurde. Es diente zunächst der zeitlich befristeten Aufnahme von Kranken, die alleinstehend waren und ihre Pflege nicht selbst finanzieren konnten. Hundert Patienten konnte der große Krankensaal aufnehmen, aber immer wieder war er überbelegt.

Neben Bischof Konrad brachten auch Regensburger Adelige und Bürger ihr Geld oder ihren Grundbesitz in die Spitalstiftung ein. Der Bischof bestimmte, dass für die Verwaltung des Spitals jeweils vier Mitglieder des Domkapitels und vier Bürger der Stadt zuständig sein sollten – ein Beweis dafür, dass die Bürger der Stadt mitzureden hatten in ihrer Stadt, die ab 1245 Freie Reichsstadt war. Als die Stadt 1542 evangelisch wurde und das reformatorische Regiment auch im Spital durchsetzen wollte, waren Schwierigkeiten vorprogrammiert. Ab 1545 führte man evangelische Gottesdienste ein, der geistliche katholische Spitalmeister wurde abgesetzt und die meisten Insassen wurden schließlich evangelisch.

Aus dem »Krankenhaus« ist im Laufe der Zeit eine Einrichtung geworden, in der überwiegend Alte längerfristig leben konnten. Wie in den Klöstern in Regensburg wurde auch im Spital Bier gebraut, den Insassen stand täglich ein Köpfl Bier zu – genau 0,83 Liter.

Kein Essen für die Evangelischen

Im Zuge der Gegenreformation eroberte die katholische Seite ihren Einfluss im Spital zurück. So sollte 1625 der neue Gregorianische Kalender, der von evangelischer Seite lange abgelehnt wurde, im Spital für alle eingeführt werden. Konkret hieß das, dass die evangelischen Bewohner dann, wenn nach ihrem alten Kalender ein Feiertag war, entweder arbeiten mussten oder nichts zu essen bekamen. Zunächst gab es eine Einigung, nach der die alten und die neuen Feiertage arbeitsfrei sein sollten. Aber die Konfrontation spitzte sich in der Zeit des Dreißigjährigen Krieges zu. Bayern wollte die Verfügungsgewalt über das Spital erringen und die evangelischen Geistlichen durften keine Gottesdienste mehr dort halten. 1629 gab es kein Essen mehr für jene Insassen, die nicht katholisch waren oder wurden. Sie bekamen dann Geld von der Stadt, um sich etwas zu kaufen. Schließlich mussten 1630 alle, die nicht katholisch wurden, das Spital verlassen, ihre Habseligkeiten wurden auf die Gasse geworfen. Die Stadt stellte eine Notunterkunft zur Verfügung.

Nach dem Friedensschluss musste Bayern 1649 das Spital wieder an die Reichsstadt abtreten, das Spital wurde zu einer paritätischen Stiftung. Katholiken und Evangelische konnten gemeinsam im Spital leben, und am 15. Mai 1649 fand nach langen Jahren wieder ein evangelischer Gottesdienst statt.

Mit militärischem Schutz durch bayerisches Ausland

Allerdings war die exponierte Lage des Spitals auf der nördlichen Donauseite problematisch geworden.

Das Spital gehörte zu Regensburg, das am südlichen Donauufer lag, es gab von der Steinernen Brücke aus einen direkten Zugang, aber unmittelbar neben dem Spital lag das bayerische und damit katholische Stadtamhof. Als sich im Spanischen Erbfolgekrieg Bayern und Habsburg feindlich gegenüberstanden, wurde aus Sicherheitsgründen die Pforte, durch die man von der Steinernen Brücke direkt ins Spital kam, zugemauert. Um einen Gottesdienst im Spital halten zu können, musste deshalb der evangelische Prediger zwangsläufig einen Umweg durch Stadtamhof, also durch bayerisches »Ausland« machen. Der Prediger Erasmus Sigmund Alkofer machte sich als damaliger Spitalprediger im September 1705 erstmals auf diesen Weg, im priesterlichen Habit. Die Tätigkeit als Spitalprediger, auch Pestilentiarius genannt, stand über lange Zeit am Beginn der Laufbahn eines evangelischen Geistlichen in Regensburg. Als Vorsichtsmaßnahme gab man Alkofer von Seiten der Stadt drei bewaffnete Soldaten mit. In Stadtamhof musste er »abscheuliche Schmäh- und Lästerreden« erdulden und der dortige Rat protestierte heftig bei den Kollegen in Regensburg. Weil der evangelische Gottesdienst im Spital durch den Westfälischen Frieden aber abgesichert war, musste der Gang durch Stadtamhof erlaubt werden, allerdings sollte er in Zukunft ohne bewaffnete Soldaten erfolgen und nur, solange der andere Weg versperrt war. Es entstand schließlich eine evangelische Demonstration: Viele Regensburger begleiteten Alkofer zum Gottesdienst ins Spital, auch Standespersonen in ihren Kutschen und ein Stadt-Offizier gingen mit.

Das Ende der Parität

Ab Mitte des 19. Jahrhunderts gab es von katholischer und evangelischer Seite Bestrebungen, die Parität bei der Verwaltung des Spitals zu beenden. 1891 einigte man sich nach langen Verhandlungen darauf, an die evangelische Wohltätigkeitsstiftung eine Abfindung zu zahlen und die Spitalstiftung als rein katholische Stiftung weiterzuführen. Die 55 evangelischen Bewohner fanden Aufnahme im Bruderhaus. ●

Am Nordende der Steinernen Brücke befindet sich der beliebte Spitalgarten: letzter Vorposten der Freien Reichsstadt im herzoglichen Bayern

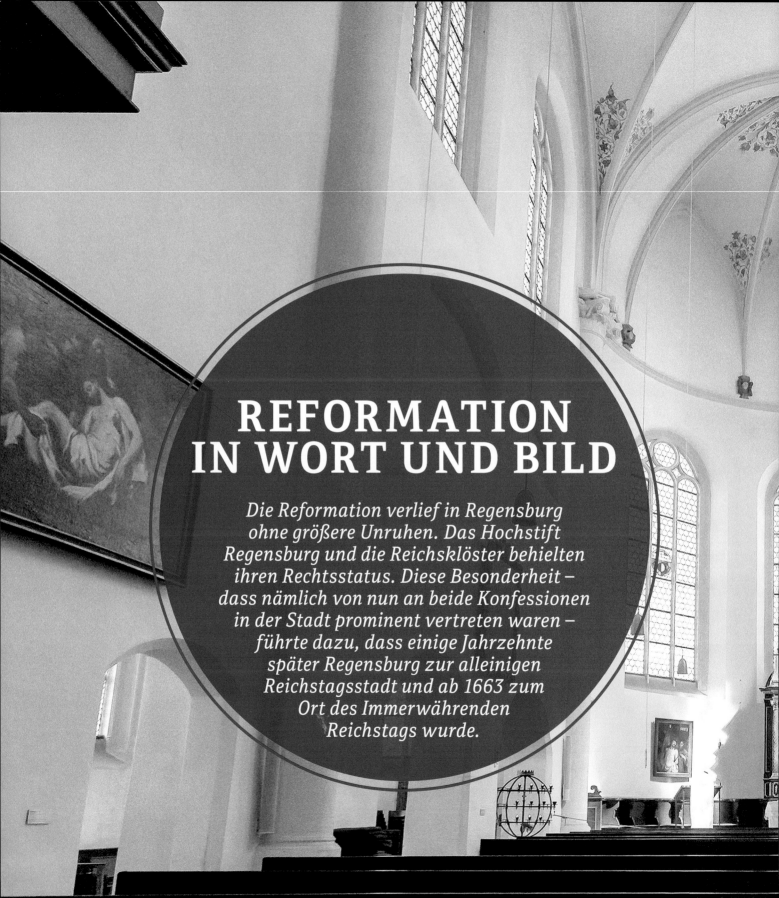

REFORMATION IN WORT UND BILD

Die Reformation verlief in Regensburg ohne größere Unruhen. Das Hochstift Regensburg und die Reichsklöster behielten ihren Rechtsstatus. Diese Besonderheit – dass nämlich von nun an beide Konfessionen in der Stadt prominent vertreten waren – führte dazu, dass einige Jahrzehnte später Regensburg zur alleinigen Reichstagsstadt und ab 1663 zum Ort des Immerwährenden Reichstags wurde.

Die zögerliche Einführung der Reformation in Regensburg

»Dass die schöne Maria nicht leiden will, dass man sie antastet« (Martin Luther)

—

VON HANS SCHWARZ

Haidplatz: hier stellte sich die kaiserliche Jet-Set-Gesellschaft ein, buhlten Ritter, diskutierten Theologen und demonstrierte 1654 Otto von Guericke die Kraft des Nichts, des Vakuums: 40 Männer waren zu schwach, einen Kolben aus einem leergepumpten Kupferzylinder zu ziehen

◀ Seiten 36/37
In der Neupfarrkirche begann die Reformation. Seit 1542 wird derselbe Kelch zum Abendmahl gereicht

Im 12. und 13. Jahrhundert war Regensburg noch die reichste Stadt im Süden Deutschlands. In der Fondacio die Tedeschi, der Warenbörse der Deutschen Kaufleute gleich neben der Rialtobrücke in Venedig, dem mächtigen Handelszentrum Europas, führte Regensburg an der Schwäbisch-Regensburger Tafel den Vorsitz. Die andere Tafel war die der Nürnberger. Aber Regensburg hatte noch in der ersten Hälfte des 15. Jahrhunderts den ersten Rang. Der Regensburger Fernhandel reichte von Flandern bis Ungarn und von Breslau bis Venedig. Doch bald verlagerten sich die wichtigen Handelswege und Augsburg und Nürnberg wurden zu mächtigen Handelsmetropolen. Die Hussitenkriege zu Anfang des 15. Jahrhunderts, in denen selbst die Oberpfalz nicht verschont blieb, und der Landshuter Erbfolgekrieg (1504/05) um das Erbe des ohne männliche Nachkommen 1503 gestorbenen Herzogs Georg des Reichen von Bayern (Landshut), verbunden mit Plünderung und Brandschatzung, verminderten ebenfalls die Attraktivität der Handelsstadt Regensburg. Zudem waren die einflussreichen Patrizierfamilien untereinander und mit den Zünften zerstritten. So war am Ende des 15. Jahrhunderts Regensburg bankrott.

Man machte die Juden für den Niedergang der Stadt verantwortlich.

Die Stadt blutet aus

Der Status einer Freien Reichsstadt, den Regensburg seit 1245 genoss, erwies sich als zweischneidiges Schwert. Zwar hielten die Kaiser gerne in Regensburg Reichstage ab. Sie bedeuteten für die Stadt zusätzliche Repräsentationsverpflichtungen, aber brachten kaum Einkünfte. Regensburg war zwar Sitz der bayerischen Herzöge gewesen, wurde aber dann von Landshut und München abgelöst. Als bayerische Hauptstadt wäre Regensburg hingegen als Residenz gefördert worden. Nun war die Stadt fast von allen Seiten vom bayerischen Gebiet umschlossen, und der Regensburger Fürstbischof, oft mit dem bayerischen Haus Wittelsbach verwandt, sympathisierte eher mit seinen Verwandten als mit der Stadt. Neben dem Fürstbischof mit Domkapitel waren noch drei unabhängige Reichsstifte, St. Emmeram, Niedermünster und Obermünster, in der Stadt zugegen. Dazu kamen der Münchner Herzog, sieben auswärtige Bischöfe und viele auswärtige Klöster, die alle Niederlassungen in Regensburg besaßen. Selbst Adelige hatten sich hier Häuser erworben, so dass der Freien Reichsstadt kaum die Hälfte ihres Stadtgebietes gehörte und nicht einmal ein Drittel von ihr besteuert werden konnte. Zudem hatte 1499 der Kaiser dem Rat der Stadt einen Reichshauptmann mit weitgehenden Vollmachten zur Seite gestellt, so dass der Handlungsspielraum der Stadt noch weiter eingeschränkt wurde.

»Die Juden sind an allem schuld«

In dieser finanziell prekären Lage verfiel man auf ein Mittel, das schon an vielen anderen Orten erprobt war, wie 1499 in Nürnberg oder 1349 in Würzburg, um die wirtschaftliche Lage der Stadt und ihrer Bürger zu verbessern: 1519 war Kaiser Maximilian I. gestorben, unter dessen Protektorat die Juden in Regensburg standen. Für ihre christlichen Mitbürger waren sie schon lange eine lästige Konkurrenz geworden, da sie, aus dem schwerfälligen Zunftwesen ausgeschlossen und in den Handel und das Geldverleihwesen abgedrängt, dieses lukra-

Philipp Melanchthon, Poträt von Lucas Cranach d. Ä. (1543)

tiv ausbauten. Viele christliche Handwerker waren bei den Juden verschuldet, und der Regensburger Domprediger Balthasar Hubmaier machte ihnen in Predigten klar, dass die Juden für das wirtschaftliche Siechtum der Stadt verantwortlich waren und deshalb aus der Stadt hinausgeschafft werden müssten. Unter dem Druck der Handwerker nahm der Stadtmagistrat die günstige Gelegenheit der kaiserlosen Zeit wahr. Am 21. Februar 1519 begab sich eine Abordnung von Ratsmitgliedern, unter ihnen der Maler Albrecht Altdorfer, in das jüdische Ghetto, das weithin mit dem heutigen Neupfarrplatz übereinstimmte, und man eröffnete den etwa 500 Juden, dass man ihr Leben und Gut nicht länger vor dem Zorn des Volkes schützen könne und deshalb die jüdische Gemeinde bis zum 25. Februar die Stadt verlassen müsse. Die von den Christen versetzten Pfandstücke mussten sie zurückgeben.

Aus der Synagoge wird ein Trümmerhaufen

Innerhalb von zwei Stunden sollte die Synagoge, die westlich der heutigen Neupfarrkirche stand, geräumt werden, weil sie zum Abbruch bestimmt war. In kürzester Zeit verwandelte man die Synagoge in einen Trümmerhaufen. Der Steinmetzmeister Jakob Kern wurde von einem herabstürzenden

Gewölbestück getroffen. Man barg ihn aus dem Schutt und trug ihn hinweg. Aber am nächsten Tag war der schon tot Geglaubte wieder lebendig und konnte bei den Abbruch- und Aufräumarbeiten zusehen. Man schrieb die wunderbare Bewahrung und Genesung des Verunglückten der schönen Maria zu, und eine Kapelle zu Ehren der Gottesmutter sollte die Städte des einstigen jüdischen Unglaubens und der wunderbaren Errettung des Steinmetzmeisters schmücken. Dass man auch andernorts, wie etwa in Nürnberg oder Würzburg, Marienkirchen an dem Ort errichtete, wo zuvor die jüdische Synagoge stand, beeinträchtige den mittelalterlichen Mirakelglauben nicht.

Wallfahrten zur »Schönen Maria«

Schon am 25. März 1519 wurde der zunächst bescheidene Holzbau der Kirche zur Schönen Maria geweiht. Besonders gelegen kam der Stadt, dass sie für diese Wallfahrtskirche das alleinige Patronatsrecht hatte und sie nicht dem Bischof unterstellt wurde, denn dadurch erhofften sich die Ratsherren eine lukrative Einnahmequelle für die Stadt. Alsbald setzte ein fanatisches Wallfahrtstreiben ein, die Menschenmassen strömten zur Schönen Maria, deren Wunderwirkung sogar Martin Luther zu Ohren kam. Ein zeitgenössisches Bild gibt uns Einblick in das ekstatische Verhalten der Pilger vor dem Gnadenbild der Schönen Maria. Nachdem sich Balthasar Hubmaier schon bei der Judenvertreibung bewährt hatte, stellte ihn die Stadt auch als Prediger an der Kirche zur Schönen Maria an. Der Rat der Stadt und der bischöfliche Administrator gerieten in Streit, wem die Einkünfte aus der Wallfahrt zuständen. – Pfalzgraf Johann weigerte sich zeitlebens die höheren Weihen zu empfangen und blieb somit über dreißig Jahre Administrator des Regensburger Bistums (1507–38). Sein Nachfolger, Pankraz von Sinzenhofen, war in den zehn Jahren seiner bischöflichen Tätigkeit (1538–48) psychisch krank und sein Verhalten schwankte zwischen lichten Augenblicken und Phasen tiefer Verworrenheit. In den entscheidenden Jahren der Reformationszeit bot Regensburg kirchlich gesehen ein klägliches Bild. – Der kaiserliche Hauptmann Thomas Fuchs wandte sich schließlich an Luther, der in einem Brief vom 23. Dezember 1519 antwortete, der Rat und der Bischof sollten sich vertragen und der Rat solle nach der Bergpredigt einem Streitsüchtigen, der ihm den Mantel nehme, auch den Rock dazu geben (vgl. Mt 5,40). Bald flaute

die Wallfahrtsbewegung ab, denn es zeigte sich immer mehr, dass der religiöse Fanatismus die wahren Bedürfnisse der Menschen nicht befriedigen konnte. Zudem hatten schon manche in Regensburg selbst damit begonnen, über den Glauben nachzudenken. Somit entwickelte sich zunehmend der Druck gegen das vom Magistrat sanktionierte religiöse Establishment.

Mit Verboten kommt man Luthers Schriften und seinem Geist nicht bei

Bereits 1521 verbot der bischöfliche Administrator jeden Verkauf oder Nachdruck der Schriften Luthers, ein Verbot, das zeigte, dass auch in Regensburg die Schriften Luthers nicht mehr unbekannt waren. Schon für das folgende Jahr sind im Haus des Blaufärbers Hans Zusammenkünfte bezeugt, in denen man die Bibel und Schriften Luthers las, die damals in nicht geringer Zahl von Paul Kohl in Regensburg gedruckt wurden. Dieser Blaufärber hielt dem Domprediger Augustin Marius entgegen, aus der Bibel könne man mehr Einsichten gewinnen als aus den herkömmlichen Predigten. So kam es am 22. März 1523 im Dom zum Disput mit Blauhans und dessen

> Der Verkauf und Nachdruck lutherischer Schriften wurde bereits 1521 verboten.

Freund, einem Krämer Hans aus Rostock. Störung des Gottesdienstes war schon immer ein schwerwiegendes Delikt, und der bischöfliche Administrator verlangte sofort vom Rat der Stadt die Bestrafung der beiden. Die Strafe fiel allerdings milde aus. Blauhans wurde aus der Stadt verwiesen, und der Krämer kam für einige Zeit ins Gefängnis auf dem Wasserturm. Mit einem Empfehlungsbrief seiner Freunde versehen ging Blauhans nach Wittenberg und kehrte von dort mit einem Brief Luthers vom 26. August an den Rat der Stadt nach Regensburg zurück, in dem Luther die Wunderzeichen der »Schönen Maria« als teuflische Betrügerei bezeichnete. Blauhans wurde am 18. September wieder als Bürger aufgenommen. Die Regensburger Chronik von Leonhard Widmann berichtet, er habe ganze Fässer lutherischer Bücher mitgebracht.

Selbst die katholischen Orden werden evangelisch

Die Anhänger Luthers waren 1522 schon so zahlreich, dass sie den Rat der Stadt baten, einen evangelischen Prediger anzustellen. Dr. Johann Hiltner, der in Wittenberg studiert hatte und evangelisch gesinnt war, wurde zum 1. Januar 1524 juristischer Berater des Rats. Er meinte, man könne einen solchen Prediger am besten im Augustinerkloster unterbringen. Die Augustiner und Franziskaner in Regensburg waren nämlich schon weithin evangelisch. Auch viele Bürger der Stadt hatten mit dem alten Glauben gebrochen. Sterbende weigerten sich, die heiligen Sakramente nach traditioneller Ordnung zu nehmen, und selbst Brautleute wollten nicht mehr bei einem katholischen Priester beichten und heirateten deshalb ohne kirchlichen Segen. Selbst Albrecht Altdorfer, der einen Gnadenaltar für die Wahlfahrtskirche zur Schönen Maria entworfen hatte, fertigte nach 1523 einen kleinen Kupferstich mit dem Porträt Luthers an und setzte deutlich sein Monogramm darunter.

Auch die evangelischen Prediger haben es nicht leicht

Schon 1523 hatte der Reichsfreiherr Bernhard von Stauff in Beratzhausen einen evangelischen Prediger angestellt, zu dem die Evangelischen aus Regensburg oft gingen, um dort Gottesdienst zu feiern. Doch die »römisch Gesinnten« brachten ihn im September 1524 in ihre Gewalt und trotz der Intervention von Rat und dem Freiherrn ließ ihn der bischöfliche Administrator in den Kerker werfen, wo sich seine Spuren verloren. Auch in Sallern am linken Regenufer hatte Hans von Leublfing, ein pfalzneuburgischer Adeliger, einen evangelischen Prediger engagiert, zu dem die Regensburger gerne kamen.

So bat der Rat Luther in einem Brief vom April 1525 um einen evangelischen Prediger. Aber der erwiderte, momentan stehe keiner zur Verfügung. Schließlich stellte man wenigstens einen evangelischen Schulmeister an. Doch der Rat der Stadt musste vorsichtig sein. Er stand vor leeren Kassen, hatte weder viel Grundbesitz, um Nahrungsmittel anzubauen, noch Wald oder einen Steinbruch, um Häuser zu bauen. Zudem war Regensburg vom mächtigen Bayern umgeben und fürchtete sich vor dem Kaiser. Man duldete aber zumindest seit 1526 evangelische Abendmahlsfeiern in Privatkapellen. Luther ermunterte den Rat in einem Brief vom 30. Juni 1534, »das Evangelium mit Stille und Ruhe zu lehren«, denn etliche hätten die Zeit »bereits verschlafen«.

Regensburg geht für die katholische Sache verloren

Ohne Erfolg baten 1535 die Bürger und der Rat der Stadt Kaiser und Bischof um Erlaubnis, einen evangelischen Prediger anstellen zu dürfen. Fünf Jahre später gestattete der Rat sogar, die Bibel nach Luthers Übersetzung öffentlich zu verkaufen. Als auf dem Regensburger Reichstag von 1541 ein Religionsgespräch zwischen Evangelischen und Katholiken stattfand, besuchten viele Regensburger, auch katholische Geistliche und Mönche, die evangelischen Gottesdienste, die in den Privatunterkünften der evangelischen Fürsten abgehalten wurden. Der Kaiser hatte ausdrücklich verboten, dass evangelische Gottesdienste in Kirchen stattfinden durften. Doch auch er bemerkte, dass Regensburg für die katholische Sache verloren war, und schritt nicht dagegen ein, als der Rat Ende 1541 Erasmus Zollner als neuen Prediger an der Kirche zur Schönen Maria bestellte. »Haufenweise strömte die Bürgerschaft und das gemeine Volk herzu, um ihn zu hören. Es war in der engen Neupfarrkirche nicht Raum genug für seine Zuhörer. Man ließ drei Seitentüren brechen, um der Menge, die vor den Türen stehenbleiben musste, Gelegenheit zu machen, an seinen Predigten sich zu erbauen«, so der Chronist Gemeiner.

Endlich ist es so weit: Die Reformation wird eingeführt

Die Wende kam durch Bernhard von Stauff, der in Regenburg ein Haus besaß. Dort wollte der Beratzhausener Reichsfreiherr das evangelische Abendmahl feiern. Der Bischof intervenierte beim Rat, der Rat bei von Stauff, und der berief sich auf seine legitime Freiheit. Da er auch Regensburger Bürger zum Gottesdienst einlud, fürchtete der Rat zunächst um die gute Ordnung, bekannte sich aber endlich zu dem, wozu die Bürger schon lange standen. Als der Kaiser dem Reichshauptmann befahl, gegen die evangelisch gesinnten Ratsmitglieder einzuschreiten, erklärte der Rat: »Wir wollen euch unverhalten lassen, dass wir entschlossen sind, des Herren Abendmahl nach dem Befehl und der Einsetzung Christi in unserer Kirche zu Unserer Lieben Frau allhier öffentlich aufzurichten«. Man hatte es satt, sich immer wieder auf ein Konzil vertrösten zu lassen, das irgendwann stattfinden sollte. Allerdings blieben vier Mitglieder des Inneren Rats der Abstimmung am 13. Oktober 1542 fern, in der einstimmig beschlossen wurde, die Reformation in Regensburg einzuführen.

Am Sonntag, dem 15. Oktober 1542, kam es zur ersten öffentlichen evangelischen Feier des Hl. Abendmahls in der Neuen Pfarrkirche, der Kirche zur Schönen Maria. Gleichzeitig wurde die Kommunion in Hauskapellen verboten, ausgenommen für kranke Menschen, damit man dem Sektenwesen keinen Raum gebe. Damit der Rat nicht in den Geruch käme, den katholischen Glauben unterbinden zu wollen, gab er öffentlich bekannt, dass niemandem aus der Einführung der Reformation finanzieller Schaden erwachsen solle. Die geistlichen Besitztümer der Klöster, Orden und des Bischofs blieben unangetastet. Materiellen Schaden hatte nur die Freie Reichsstadt Regensburg.

Der Boykott der Herzöge folgt auf dem Fuß

Die bayerischen Herzöge machten ihre Drohung wahr, Regensburg wirtschaftlich zu boykottieren. Sie untersagten ihren Untertanen jeglichen Verkehr mit Regensburg. Den Regensburger Handwerkern fehlte es bald an Käufern für ihre Erzeugnisse. Die bayerischen Herzöge unterbanden die für Regensburg wichtigen Märkte von Kumpfmühl und Prüfening und errichteten sofort in Stadtamhof einen Markt, der Regensburg schweren Schaden zufügen sollte. Nach Landesrecht war zwar die Errichtung eines Marktes verboten, der näher als zwei Meilen an einem anderen Markt gelegen war. Die rechtliche Seite beunruhigte aber die Bayern nicht. Selbst der Bischof verbot 1543 den Bürgern von Stadtamhof, zur Messe in die Stadt zu kommen, und ließ lieber den Domprediger und den Pfarrer zu St. Mang bei ihnen predigen. Sie hätten ja beim Kirchgang in Regensburg etwas kaufen können.

Der Kaiser gibt klein bei

Schließlich kam Hilfe aus dem Norden, da Kurfürst Ludwig und Pfalzgraf Friedrich in der Oberpfalz und in Pfalz-Neuburg die Reformation erlaubten. So

Das Goliathhaus: Im Gemälde »David gegen Goliath« wird gerne die Rolle der evangelischen Reichsstadt Regensburg im Gegenüber zum umliegenden mächtigen Herzogtum Bayern gesehen

erhielten die Märkte Regenstauf, Regendorf, Zeitlarn und Sallern evangelische Kirchen, und Regensburg konnte aus diesen Nachbarorten die nötigsten Lebensmittel einführen. Schließlich erwirkte der Kaiser 1546 die Aufhebung der Blockade durch Bayern. Auch das Augsburger Interim (1548–1552), das alle evangelischen Neuerungen verbot, konnte die Volksbewegung in Regensburg nicht mehr rückgängig machen. Als die evangelischen Geistlichen die Stadt verlassen mussten, hielten sogar Handwerksburschen Andachten. Erst 1555 kam es durch den Augsburger Religionsfrieden zum endgültigen Schutz der Evangelischen, und der Kaiser, dem die Stadt politisch immer treu ergeben war, ließ den Bürgern nun auch in religiösen Dingen ihre Freiheit. Der Volkswille hatte den Sieg davongetragen.   •

▶ **PROF. DR. DR. H.C. MULT. HANS SCHWARZ** ist em. Professor für Systematische Theologie und theologische Gegenwartsfragen an der Universität Regensburg. Er veröffentlichte viele Bücher über Martin Luther.

Philipp Melanchthon als Ökumeniker

»Ich wollte herzlich gerne zu Friede und Einigkeit rathen ...«

—

VON WERNER THIEDE

Zur 450-Jahrfeier der Confessio Augustana gab die Bundespost eine Gedenkbriefmarke heraus

»Philipp Melanchthon – ein Wegbereiter für die Ökumene«: So lautet der Titel eines Buches, das 1997 zum 500. Geburtstag von Martin Luthers berühmtem Mitstreiter herausgegeben wurde. Dass der gelehrte Humanist der kirchlichen Ökumene den Weg bereitet habe, kann man freilich nur unter sehr langfristigem Aspekt behaupten. Eine aktuelle Bestätigung hierfür war zweifellos der Umstand, dass anlässlich seines 450. Todestags am 19. April 2010 an seinem Grab in der Wittenberger Schlosskirche der Regensburger Bischof Gerhard Ludwig Müller als Ökumene-Beauftragter der Deutschen Katholischen Bischofskonferenz eine Rede hielt. Der damalige Bischof und jetzige Kurienkardinal betonte, wie undenkbar solch eine Rede im Reformationszeitalter gewesen wäre. In der Tat: Während Melanchthon lebte, war nichts anderes als das tragische Scheitern seiner intensiven ökumenischen Bemühungen zu registrieren.

Der Verfasser der Confessio Augustana

Dabei war schon Joseph Ratzinger, der spätere Papst Benedikt XVI., während seiner Regensburger Professorenzeit gerade mit Blick auf Melanchthon überzeugt, dass »die Reformationskirchen, speziell diejenige des Augsburgischen Bekenntnisses, die wirkliche, die ursprüngliche Katholizität gesucht haben und suchen.« Aus heutiger Sicht ist ganz offenkundig: Melanchthon war als Sprecher der Reformation in Deutschland und als Hauptverfasser der Confessio Augustana von 1530 unter allen Reformatoren derjenige mit dem ausgeprägtesten Sinn für die Notwendigkeit und Möglichkeit eines guten Miteinanders unter Christenmenschen. Und bei näherer Betrachtung lassen sich durchaus auch mancherlei Erfolge seines ökumenischen Strebens aufzeigen. Man braucht sich nur auszumalen, was ohne sein Wirken alles passiert sein oder sich ent-

Keine Einigung

1541 war Melanchthon beim Regensburger Religionsgespräch zugegen, das im Zuge des Regensburger Reichstages stattfand und der Einigung von Katholiken und Protestanten dienen sollte. Kaiser Karl V. hatte es einberufen, weil er angesichts drohender Türken-Gefahr nicht auf die militärische Unterstützung der protestantischen Fürsten verzichten konnte. Zeitweise schien es, als könne im Zuge dieses Regensburger Dialogs in der zentralen Streitfrage der Rechtfertigungslehre eine sensationelle Einigung

erzielt werden: Sollte sich nicht die protestantische Überzeugung von der allein dem Glauben angerechneten Gerechtigkeit mit der römischen Auffassung von der daraus als Frucht folgenden »effektiven« Gerechtigkeit verbinden lassen? Der nicht immer klar genug durchformulierte Text über die »doppelte Rechtfertigung« konnte allerdings weder Rom noch auf die Dauer die protestantische Seite zufriedenstellen. Die Regensburger Gespräche scheiterten trotz allem guten ökumenischen Willen.

Johannes Calvin nahm als Vertreter des evangelischen Straßburg 1541 am Regensburger Religionsgespräch teil. Ihn plagte die Langeweile. Erheiterung fand er beim Einzug der päpstlichen Delegierten: Sie schlugen so viele Kreuze gegen ihn, dass ihnen tagelang die Arme schmerzen mussten. Theologische Akzente setzte Calvin, als Fragen zur Erbsünde und dem freien Willen erörtert wurden. Bei der Diskussion um das Abendmahl war ihm eine reale, leibliche Gegenwart Christi in der Hostie unerträglich. Aus Sorge um seine Familie im von der Pest bedrohten Straßburg »erpresste« er sich Beurlaubung. Ob seine Irritationen gar Auslöser für die Regensburger Reformation waren? Kurze Zeit später appellierte der Rat an den Kaiser, doch die lutherische Lehre einzuführen – um Schlimmeres zu verhindern.

wickelt haben könnte. Sogar der Umstand, dass die Erkenntnisse der Reformatoren zumindest indirekt auch die römisch-katholische Kirche ein Stück weit korrigiert und bis heute mit beeinflusst haben, wäre ohne Melanchthons ebenso gebildeten wie vermittelnden Beiträgen kaum denkbar gewesen.

Der Kompromissbereite

Tief überzeugt von den Grundanliegen der Reformation war Melanchthon wegen seiner christlich-humanistischen Gesinnung doch gern kompromissbereit. Anders als Luther neigte er zur klassischen Tugend der Mäßigung. So hatte er die politischen Zusammenhänge der religiösen Auseinandersetzungen klar vor Augen: Er wusste, dass Kaiser Karl V. nach Deutschland gekommen war, um den Frieden und die Einheit unter den Fürsten herzustellen, und dass dies Unterstützung verdiente. Es galt, kriegerische Auseinandersetzungen, ja womöglich einen Bürgerkrieg zu verhindern. Deshalb war Melanchthon bereit, notfalls auch »zwischen den Stühlen« zu sitzen, um Vermittlungsarbeit zu leisten und der Friedfertigkeit im Geiste Jesu dienen zu können. Seine Offenheit für Kompromisse sollte freilich nicht auf Kosten seiner Wahrheitsliebe gehen. Dem Vorwurf des Kaisers, er sei zu wenig kompromissbereit, begegnete er mit den Worten: »Es ist nicht ungewöhnlich, dass sich jene, die bei Verhandlungen tätig sind, den Hass beider Seiten zuziehen und von beiden Seiten Schläge bekommen.«

Nie war Melanchthon »Kompromissler« oder Taktiker aus Prinzip. Die Wahrheit des Glaubens stellte er sogar noch über die Liebe, die ihm gleichwohl sehr viel galt. Die zu seinen Lebzeiten sich vollziehende Trennung zwischen den Konfessionen hat ihn stets geschmerzt. Er bekannte für sich persönlich, keinen größeren Kummer zu haben als den über die Spaltungen: Gerne wolle er sterben, wenn er damit diese traurigen Wunden heilen könnte!

Ein »Leisetreter«?

Melanchthons humanistischer Denkungsart zufolge ist dem Menschen die Überzeugung eingepflanzt, man solle niemandem Schaden zufügen, allgemeinen Frieden halten und jedermann Höflichkeit erweisen. Von sich selbst sagte er im Alter rückblickend: »Ich wollte herzlich gerne zu Friede und Einigkeit rathen, habe auch etliche schwere Artikel in der Lehre vor vielen Jahren zur Einigkeit gebracht, wie viele Verständige wissen, und hab nie Gefallen gehabt von wegen unnötiger und geringer Sachen zu streiten. So bin ich nun so alt, daß ich wohl weiß, daß große Zertrennung und Zerstörung aus unnützen Gezänken folgen, zudem auch, daß sie Gott verboten hat ...«. Tatsächlich bestätigte die Äbtissin des Nürnberger Clarissenklosters nach einer Begegnung mit ihm, er sei in seiner Rede bescheidener, als sie je einen Lutherischen gehört habe. Luther selbst hat 1530 geäußert, er könne nicht so sanft und leise treten wie Melanchthon seinerzeit vor dem Augsburger Reichstag. Noch in einer Gedächtnisfeier nach Melanchthons Tod bestätigte sein Schüler Jakob Heerbrand, von Natur aus sei er sanftmütig, auf Frieden und Eintracht bedacht und der öffentlichen Ruhe zugeneigt gewesen. Auch Johannes Cochläus bezeugte, Melanchthon sei im Vergleich zu Luther angenehmer in seinen Worten, gefälliger im Stil, friedlicher in seiner Miene, liebenswürdiger und sprachgewandter, allerdings auch hinterlistiger in seiner Verschlagenheit gewesen.

Doch wer meint, der so verständigungsbereite Melanchthon sei auf allen seinen Wegen solch ein »Leisetreter« gewesen, der täuscht sich. Schon in seiner Wittenberger Antrittsrede hatte er betont, er sei von leidenschaftlichem Streben nach dem Richtigen und Guten beseelt. Solche Leidenschaftlichkeit ließ ihn gelegentlich auch laut und deutlich werden. Zu seinen Hauptfehlern rechnete er den Jähzorn, wie er etwa gegenüber falsch antwortenden Studenten zum Ausbruch kommen konnte. Selbst im persönlichen Umgang war er nicht nur der »Leisetreter«. Dabei wusste er genau um die Gefahr, dass »große Heftigkeit manchmal sündigt«.

1537 wandte sich Melanchthon ausdrücklich gegen jede Leisetreterei auf Kosten der kirchlichen Wahrheit: »Es ist eine neue Art von Weisen entstanden, die, als ob sie gottlos wären, überhaupt keinen Streit über die Religion erregen wollen, die Frieden und Eintracht loben und alle ausreißen wollen, die irgendeine Zwietracht verbreiten.« Für einen Multikulti-Frieden war er nicht: »Man muss Gott mehr gehorsam sein als den Menschen.« Ökumene gebe es nicht um jeden Preis. Weder Verrat konnte man ihm ernsthaft vorwerfen, auch wenn dies einige Mitstreiter sich in der Hitze des Gefechts erlaubten, noch einen Mangel an ökumenischem Einsatz. »Ich wünsche«, hat er einmal gesagt, »dass die Eintracht der Kirche ewig währt. Ich meine, dass ich über viele Jahre hin genügend Eifer bewiesen habe beim Aufzeigen der Wahrheit und bei der Förderung der Eintracht unter uns.« ●

Philipp Melanchthon (1497–1560) war ein Philologe, Philosoph, Humanist, Theologe, Lehrbuchautor und neulateinischer Dichter; Mitstreiter Martin Luthers

Das Zweite Regensburger Religionsgespräch 1998

Das Regensburger Religionsgespräch von 1541 blieb nicht das einzige. In einer Gemeinsamen Erklärung zur Rechtfertigung wollten katholische und lutherische Kirchen noch vor Ende des letzten Jahrhunderts einen Konsens über die Grundwahrheit feststellen, die zu Zeiten der Reformation trennend war. Ein heftiger Streit kurz vor der Fertigstellung des Dokumentes drohte das Projekt zum Scheitern zu bringen. In dieser Situation nutzte der bayerische evangelische Altbischof Johannes Hanselmann seinen guten Draht zu Kardinal Josef Ratzinger. Bei einem gemeinsamen Gräberrundgang vereinbarten sie ein Gespräch mit den Theologieprofessoren Joachim Track und Heinz Schütte in Regensburg. Und tatsächlich, nach einem guten Essen beim Italiener, wurde ein Zusatz formuliert, mit dem alle gut leben konnten.

Am 31. Oktober 1999 wurde in Augsburg von Kardinal Edward I. Cassidy und dem Präsidenten des Lutherischen Weltbundes, Christian Krause, die Gemeinsame Erklärung unterzeichnet. Zwei Stunden nach der feierlichen Unterzeichnung der Gemeinsamen Erklärung würdigte der Papst in Rom beim Angelusgebet das Erreichte als eine »Stunde der Gnade.«

▶ **PROF. DR. WERNER THIEDE**
ist Publizist und Pfarrer, arbeitete als theologischer Referent beim Regionalbischof im Kirchenkreis Regensburg und lehrt als apl. Professor Systematische Theologie an der Universität Erlangen-Nürnberg.

Martin Luther –
leidenschaftlicher Gärtner und Genussmensch

Elke Strauchenbruch

LUTHERS PARADIESGARTEN

Elke Strauchenbruch

LUTHERS KÜCHENGEHEIMNISSE

Elke Strauchenbruch
LUTHERS PARADIESGARTEN
168 Seiten | mit zahlr. farb. Abb. | Hardcover
ISBN 978-3-374-03802-2   € 14,80 [D]

Elke Strauchenbruch
LUTHERS KÜCHENGEHEIMNISSE
168 Seiten | mit zahlr. farb. Abb. | Hardcover
ISBN 978-3-374-04123-7   € 14,80 [D]

Luthers Familie und die Familien seiner Nachbarn lebten zum großen Teil von selbstproduzierten Lebensmitteln. Wie bewirtschafteten und pflegten sie ihre kleinen Paradiese? Wie hat Luther die Natur wahrgenommen? Elke Strauchenbruch geht diesen Fragen in ihrer gewohnt kenntnisreichen und amüsanten Art nach.

Dass der Reformator gerne aß, das ist weithin bekannt. Schon zu seiner Zeit lebte man nach der Devise: »Wie man's kocht, so schmeckt's«. Wie bereitete man aber zu Luthers Zeit die Speisen zu, und vor allem: Wie schmeckten sie? Elke Strauchenbruch breitet vor ihren Lesern den ganzen Kosmos des Essens im 16. Jahrhundert aus.

 EVANGELISCHE VERLAGSANSTALT
Leipzig   www.eva-leipzig.de · Bestell-Telefon 0341 7114116 · vertrieb@eva-leipzig.de

 www.facebook.com/leipzig.eva

»Gelehrter Schulen vornehmster Schmuck ...«

Bildung und Reformation am Beispiel des Gymnasiums Poeticum

—

VON THOMAS KOTHMANN

M it bloßem Auge lässt sich die lateinische Inschrift kaum noch entziffern. Die Witterung der vergangen Jahrhunderte hat an den sandsteinernen Ovalen über dem Eingang des ehemaligen evangelischen Gymnasiums Poeticum geschliffen. »Gelehrter Schulen vornehmster Schmuck besteht in frommer Bildung«, lautet einer der beiden Sinnsprüche. Eingemeißelt in einen barocken Zierrahmen, den ein Engel den eintretenden Pädagogen und Pennälern allmorgendlich entgegenhielt, erinnert dieses Wort bis heute an ein Grundanliegen der lutherischen Reformation: Bildung, die dem Leben und dem Glauben dient, dem Wohl des Gemeinwesens wie auch dem Erhalt des Evangeliums. Gelingen konnte solches Bemühen gemäß der Inschrift des zweiten Ovals aber nur, indem Lehrer und Schüler »denselben Vorsatz haben, dass jener nützen, dieser fortschreiten wolle.«

Die reiche Tradition des »Poeticum«

Als dieses Portal, durch das man heute die Räume der Staatlichen Bibliothek betritt, zusammen mit dem Westflügel des Gebäudes in den Jahren 1728/29 neu gebaut wurde, konnte das Gymnasium Poeticum bereits auf eine 200-jährige Geschichte an diesem Ort zurückblicken. 1531 hatte die Stadt das stattliche Anwesen von den Erben des kaiserlichen Reichshauptmanns Thomas Fuchs von Schneeberg († 1526) für 1.000 Gulden erworben. Dieser hatte 1518 für Martin Luther die schriftliche Zusicherung kaiserlichen Geleits zum Verhör durch Kardinal Cajetan (1469–1534) auf dem Augsburger Reichstag organisiert. Das hat der Reformator seinem »besonderen Herrn und Patronen« nicht vergessen. 1526 war der Reichshauptmann in der Donaustadt ver-

storben. Weil das evangelische Gymnasium nach verschiedenen Umbaumaßnahmen um 1537 schließlich in die ehemalige Fuchs'sche Behausung an der Gesandtenstraße verlegt wurde, blieb auch der früheste Unterstützer Luthers aus Regensburg in Erinnerung.

Die Anfänge der Schule reichen allerdings weiter zurück. Wie der Name »Poetenschule« andeutet, verdankt sie sich einer humanistischen Initiative zu Beginn des 16. Jahrhunderts. Anders als die kirchlichen Lateinschulen, die es auch in Regensburg bei St. Emmeram, am Kollegiatstift zur Alten Kapelle und am Dom gab, war die städtische Lateinschule von der Kirche unabhängig. Wie in anderen süddeutschen Zentren, München, Nürnberg oder Ulm, unterstützte der Regensburger Rat den kulturell-geistigen Aufbruch in eine bildungshungrige neue Zeit, in der Städte und Höfe das Bildungswesen zunehmend als ihre Aufgabe zu begreifen begannen. So erhielt Joseph Grünpeck (um 1473 bis nach 1530), ein vagabundierender Tausendsassa aus dem Umfeld des Humanistenfürsten Conrad Celtis (1459–1508), bereits im Jahr 1505 vom Rat die Erlaubnis, »allhie ein Poetenschul zu halten«. Obwohl Grünpeck, Dichter, Historiograph, Mediziner und Astrologe, die Stadt auf der Suche nach neuen Herausforderungen bald wieder verließ, entwickelte sich seine Privatschule so erfreulich, dass sie von der Stadt übernommen und 1524 aus Platzgründen in das Augustinerkloster am späteren Neupfarrplatz verlegt wurde.

Erste reformatorische Prägungen

Dadurch kam die humanistisch geprägte Lateinschule in den Einflussbereich der neuen Lehre, die von Wittenberg seit 1519 bis in die Reichsstadt an

Das Hauptportal des Protestantischen Alumneums mit den steinernen Bildnissen Martin Luthers und Philipp Melanchthons

der Donau ausstrahlte. Denn die beiden Augustinermönche, die der mehrheitlich dem reformatorischen Aufbruch zuneigende Rat mit dem Unterricht betraute, waren ebenfalls Sympathisanten Martin Luthers. Um die Schüler dem vermeintlich ketzerischen Gedankengut zu entziehen, bot der Abt von St. Emmeram deshalb schon bald die Übernahme der Schule in sein Kloster an. Der Rat der Stadt lehnte das Angebot wegen der Randlage des Klosters allerdings ab und baute stattdessen das Gymnasium weiter aus, das sich eines wachsenden Zulaufs erfreute.

Protestantische Bildung beginnt bei den Kindern

Inmitten des mächtigen bayerischen Herzogtums gelegen und unter den Argusaugen der Wittelsbacher und des Wiener Kaiserhofs, wagten die Regensburger Stadtvertreter 1530 nicht, die Confessio Augustana in Augsburg zu unterschreiben. Stattdessen setzten die Vertreter des Rates, wie der seit 1524 auf Vermittlung des Reichshauptmanns Fuchs in Regensburg tätige Stadtsyndicus Johann Hiltner (1485–1567), auf die Schule als Multiplikator. »Soll die Christenheit in ihre Kraft kommen, muss man wahrlich an den Kindern anheben«, hatte Martin Luther den Hausvätern und -müttern im Hinblick auf ihre Erziehungsverantwortung eingeschärft. Entsprechend sollte auch in Regensburg von unten her, über den Weg der Schule, das Evangelium in den Herzen der Regensburger verankert und verbreitet werden. Dazu brauchte man reformatorisch gesonnene Lehrkräfte. Als Hiltner während des Reichstages in Augsburg mit Philipp Melanchthon (1497–1560) zusammentraf, bat er den Praeceptor um einen fähigen Lehrer für die städtische Poetenschule. Der schickte Magister Andreas Denzel nach Regensburg, mit einem Empfehlungsschreiben des Reformators im Gepäck: Großer Nutzen entstehe der Stadt, wenn »die Jugend in Künsten gelehrt und aufgezogen wird; uns mangeln wirklich Leute und wir können niemand vertraulichers und nützers haben, denn geborene Stadtkinder.« Nach Denzels frühem Tod 1535 vermittelte Melanchthon den Lutherschüler Caspar Naevius (1514–1575) in die Donaustadt. Der spätere kursächsische Leibarzt wurde der erste offizielle Rektor des Gymnasiums Poeticum. Auch dessen vier Nachfolger kamen auf Luthers oder Melanchthons Empfehlung.

Auseinandersetzungen mit den katholischen Herzögen blieben nicht aus

Zur gleichen Zeit verdunkelten sich die konfessionspolitischen Wolken über Regensburg. Ferdinand I. von Österreich (1503–1564) und die bayerischen Herzöge erhöhten den Druck auf die Reichsstadt. Zusammen mit dem Regensburger Bischof forderten sie die umgehende Entbindung der beiden Augustinermönche von ihrer Lehrtätigkeit im Gymnasium Poeticum und die Entfernung der Schule aus den Räumen des Klosters. Aufgrund der politisch ungünstigen Großwetterlage musste die Stadt nachgeben und verlegte die Schule 1537 in das ehemalige Anwesen des Reichshauptmanns Fuchs von Schneeberg.

1542 bezog die Stadt Regensburg mit der Einführung der Reformation nach langem Zögern und Lavieren konfessionspolitisch Stellung, was allerdings eine sofortige Handels- und Verkehrsblockade durch die Bayernherzöge zur Folge hatte, die die Stadt nur mit Hilfe des benachbarten evangelischen Pfalzgrafen Ottheinrich von Pfalz-Neuburg (1502–1559) überstand. Im gleichen Jahr konnte der Umzug der Poetenschule in die neuen Räumlichkeiten an der Gesandtenstraße endlich abgeschlossen werden. Dadurch gewann das reichsstädtische Gymnasium in seiner inhaltlichen Ausrichtung in den folgenden Jahrzehnten an evangelisch-humanistischem Profil, wie die Schulordnungen des 16. und 17. Jahrhunderts zu erkennen geben. Sie sind geprägt vom Bildungsdenken Philipp Melanchthons, der als Ratgeber in pädagogischen Fragen insgesamt neun Briefe nach Regensburg geschrieben hat. Von besonderer Bedeutung waren deshalb auch am Regensburger Gymnasium vor allem der Sprach- und der Religionsunterricht. Letzterer wurde durch die Reformation erst zu einem eigenständigen Unterrichtsfach. Breiten Raum nahmen das Studium des Lateinischen und Griechischen wie auch teilweise des Hebräischen ein, gefolgt vom Bibel- und Katechismusunterricht; schließlich der Musik-, Geschichts- und Geographieunterricht und nicht zuletzt erste Ansätze von naturwissenschaftlichen Disziplinen.

Unterrichtsinhalte spiegeln die Bildungsideale der Reformationszeit

Das Studium der antiken Sprachen diente einerseits der Schulung der Redekunst, um sprach- und urteils-

Blick vom Turm der
Dreieinigkeitskirche
auf Sankt Emmeram

fähig zu werden, weil es nach Melanchthons Überzeugung nur dort, wo verständlich geredet wird, klare religiöse Erkenntnis und Humanität gebe, wie schon die alten Lateiner bewiesen haben, die die Redekunst als »humanitas« bezeichneten. Im Schulalltag galt es, die Sprachfertigkeit zu üben in Kolloquien, Disputationen und Gedichten wie auch in den über die Jahrhunderte hinweg gepflegten Schulspielen und Theateraufführungen. Die alten Sprachen dienten aber auch der religiösen Bildung, weil das Evangelium durch sorgsames Studium der Quellen immer neu erschlossen und bewahrt werden muss. Das Studium der Geschichte und herausragender historischer »exempla« hilft der Orientierung des sittlichen Handelns in der Gegenwart.

Die musikalische Erziehung
stand in hohem Kurs

Musik und Chorgesang standen von Anfang an in einem engen Zusammenhang mit dem kirchlichen Leben in der Stadt, der Gestaltung von Gottesdiensten und Trauerfeiern. Rektor Nikolaus Agricola (um 1520–1562) legte den Grundstein für die intensive Musikpflege am evangelischen Gymnasium. Sein Nachfolger Hieronymus Osius (um 1530–1575) zählte sie in der Schulordnung von 1567 zu den drei wichtigsten Fächern. Gegen Ende des Jahrhunderts unterrichtete der bedeutende Komponist und Chronist Andreas Raselius (um 1561–1602) die Schüler des Gymnasiums. Er wurde 400 Jahre später auch zum Namengeber des Kammerchors der Regensburger Kantorei, die im Verbund mit dem Gymnasium Poeticum bereits im 16. Jahrhundert die Stadt zu einem blühenden Zentrum protestantischer Musikpflege in Süddeutschland machte.

Der gute Ruf der Schule
und der Bibliothek

Die Poetenschule erfreute sich großer Beliebtheit. Waren es 1542 erst 48 Schüler, so wuchs die Schülerzahl bis 1601 bereits auf 266. Die zunächst dreiklassige Schule von 1537 wurde bis Ende des Jahrhunderts zu einem sechsklassigen Gymnasium ausgebaut. Nicht nur Regensburger Bürger schickten ihre Söhne auf die Lateinschule, sondern auch Adelige aus den angrenzenden Herrschaften und Ländern. Etwa die Hälfte kam aus der Stadt, die anderen von außerhalb. Schon 1551 rühmte der Rat

Schräg gegenüber der Dreieinigkeitskirche steht an der Ecke
Am Ölberg/Gesandtenstraße das Protestantische Alumneum.
Seit 1537 wurden hier Schüler beherbergt, die das 1505
begründete und im anschließenden Gebäude untergebrachte
»Gymnasium poeticum« besuchten. Der Name der Gesandten-
straße erinnert an die vielen Gesandten des Immerwährenden
Reichstages, die entlang der Straße wohnten

in einem Brief an den Kaiser voller Stolz seine Schule: »Wir haben Gottlob! eine lateinische Schule allhier, darinn viel trefflicher Leute Kinder vom Adel und andere aus dem Land zu Franken, Fürstentum Bayern und anderer Herrschaften, nun eine lange Zeit her in guten Künsten und Sitten, so unterwiesen worden, dass ihrer nicht wenige zu großer Herren Dienst und selbst am kaiserl. Maj. Hof gelanget sind.«

Bekannt wurde das Gymnasium auch durch seine 1548 eingerichtete wissenschaftliche Bibliothek, die in Süddeutschland ihresgleichen suchte. Viele namhafte protestantische Persönlichkeiten, wie Nikolaus Gallus (um 1516–1570), Flacius Illyricus (1520–1575) oder Johannes Kepler (1571–1630), haben durch Schenkungen und Nachlässe die Gymnasialbibliothek zu einem Treffpunkt namhafter Gelehrtenrunden gemacht. Die zahlenmäßig am stärksten vertretene Disziplin war die Theologie, gefolgt von der Geschichte, der Philosophie des klassischen Altertums und der Geographie. In der Gewichtung der einzelnen Fächer spiegelte sich damit auch das Bildungsideal der Einrichtung wider. 1783 umfasste die Bibliothek etwa 9.300 Titel.

Der hohe wissenschaftliche Anspruch des Gymnasiums führte zu einer Erweiterung des Lehrangebotes durch Vorlesungen in Theologie, Astronomie, Physik und Arithmetik zur Vorbereitung auf das universitäre Studium. 1664 wurde dieses zusätzliche Lehrangebot in Fächern, die im schulischen Lehrplan zu kurz kamen, durch die Einrichtung eines Auditoriums institutionalisiert. In dieser Lehranstalt hielten drei Professoren Vorlesungen in einem öffentlichen zweijährigen Kurs. Die Einrichtung bestand bis 1809. Mehrfach wurde versucht, das Auditorium im 16. und 17. Jahrhundert zu einer reichsstädtischen Akademie oder Universität auszubauen. Doch dies ließ sich jeweils nicht realisieren. Erst 1962 erhielt die Stadt eine Volluniversität, an der mittlerweile über 20.000 Studierende eingeschrieben sind.

Weitere Konfessionsschulen wurden gegründet und übten sich in Toleranz

Während anfänglich auch Katholiken das Gymnasium Poeticum besuchen konnten, änderte sich das 1589, als auf den Einfluss des bayerischen Herzogs Wilhelm V. (1548–1626) das Jesuiten-Gymnasium St. Paul eröffnet und die weiterführenden Schulen zu reinen Konfessionsschulen wurden. Die Konfessionalisierung des öffentlichen Lebens in den Jahrzehnten bis zum Ausbruch des Dreißigjährigen Krieges wirkte sich auch auf die Schulen aus. Doch wurden die konfessionellen Anfeindungen zwischen den Schülern hier früher als andernorts zugunsten einer religiösen Duldsamkeit überwunden. Der humanistische Bildungskanon schuf ein verbindendes Ethos der Toleranz, das sich auch auf das Miteinander in der Stadt übertrug.

Das Gymnasium Poeticum stand aber nicht nur wohlhabenden Bürgersöhnen offen. Auch begabte mittellose Schüler fanden hier Aufnahme. Sie konnten nicht nur die Schule unentgeltlich besuchen, sie erhielten auch Kost und Wohnung im frühzeitig eingerichteten Alumneum. Anfangs waren es 12 und in besseren Zeiten bis zu 24 Stipendiaten. Als Gegenleistung mussten sie als Chorknaben Gottesdienste in der Neupfarrkirche und seit 1631 auch in der Dreieinigkeitskirche, Hochzeitsfeiern oder Begräbnisfeiern ausgestalten. Der Chor der Alumnen wurde zu einer stadtbekannten Einrichtung und sammelte durch das »Umsingen« von Haus zu Haus oder an Weihnachten in wohlhabenden Bürgerfamilien Geld für die Finanzierung der Schule.

Nach dem Anschluss Regensburgs an Bayern im Jahr 1810 wurden das Gymnasium Poeticum mit dem Jesuitengymnasium St. Paul vereint. Die Schüler des katholischen Gymnasiums wurden in den Räumen an der Gesandtenstraße aufgenommen, weil ihre Schule durch den Beschuss der napoleonischen Artillerie im April 1809 fast vollständig zerstört worden war. Das nun staatliche paritätische Gymnasium erhielt den Namen: »Königlich Bayerisches Gymnasium«. Bis 1875 verblieb es in den Räumen an der Gesandtenstraße. Dann zog es in das neu errichtete Gebäude am Ägidienplatz um und erhielt 1880 den Namen »Altes Gymnasium«. 1962 gab sich die traditionsreiche humanistische Bildungseinrichtung den Namen des bedeutenden mittelalterlichen Scholastikers Albertus Magnus (1200–1280), der von 1260 bis 1262 Bischof in Regensburg war. 1965 bezog das Gymnasium ein neues Gebäude in der Hans-Sachs-Straße im Westen Regensburgs.   •

Den Menschen in die Mitte gerückt

Michael Ostendorfers Reformationsaltar in der Regensburger Neupfarrkirche
—

VON FRIEDRICH HOHENBERGER

Die Rückseite des Reformationsaltares mit den Außenseiten der Flügeltüren

Es ist der Abend des 26. Februar 1546: Drei Sonnen und ein blutiges Schwert, das nach Südosten weist, erscheinen am Himmel über Regensburg. Das bedrohliche Zeichen spiegelt das Entsetzen, das die evangelische Stadt in jenen Tagen erfasst hatte. Martin Luther war verstorben.

Die Todesnachricht platzte nachmittags um drei Uhr in die Beratungen eines Religionsgespräches. Es sollte als Antwort auf erste Entscheidungen des Konzils von Trient (1545–1563) in strittigen Fragen Einigung erzielen. Luthers Tod aber stürzte die evangelischen Teilnehmer in tiefe Trauer. Sie erkannten sofort, dass die Reformation im evangelischen Regensburg aufs Höchste bedroht war. Tatsächlich erschien Kaiser Karl V.

schon bald mit geharnischtem spanischen Militär. Und bereits ein Jahr später hatte er die reformatorische Position durch seinen Sieg im Schmalkaldischen Krieg entscheidend geschwächt. Im sogenannten Augsburger Interim setzte er 1548 die Konfessionseinheit des Reiches in seinem Sinne durch.

Die geforderte Rückkehr zum alten Glauben konnten die evangelischen Pfarrer nicht mit ihrem Gewissen vereinbaren. Sie verließen Regensburg. Der Regensburger Reformator Nikolaus Gallus zog nach Wittenberg, das er durch sein Studium bei Luther bereits kannte. Beherzt griff er dort in Auseinandersetzungen um das theologische Erbe Luthers ein. Dem moderaten Philipp Melanchthon warf er Verrat an Luther vor.

Im Vertrag von Passau wurde das Augsburger Interim 1552 beendet und 1555 in den Augsburger Religionsfrieden überführt. Darin wurde die konfessionelle Spaltung im Reich wieder anerkannt.

Zum Nutzen der Reformation

Regensburg überstand all die Jahre ohne evangelische Gottesdienste. Nun strebte der Magistrat danach, die Reformation zu festigen. Zentrales Projekt wurde die Schaffung eines evangelischen Altares. 1553 gab ihn die Reichsstadt in Auftrag. Nikolaus Gallus war dazu gerade rechtzeitig aus Wittenberg zurückgekehrt. Er hatte dort die Fertigstellung des von Lucas Cranach geschaffenen Reformationsaltares erlebt. So war er gut gerüstet, um dem Regensburger Altar ein evangelisches Profil zu geben. Die künstlerische Umsetzung wurde Michael Ostendorfer übertragen. Er konnte 1555 den heute nach ihm benannten Altar zur Weihe in der Neupfarrkirche übergeben.

Er ersetzte das (heute verschollene) Bild der Schönen Madonna zu Regensburg, das seit dem Pogrom an der jüdischen Bevölkerung von 1519 an die Wunderkraft der Gottesmutter erinnerte. Dieses letzte Pogrom des ausgehenden Mittelalters hatte seinen Nährboden im wirtschaftlichen Niedergang der Stadt und einer fanatisch geschürten antijüdischen Hetze. Am Ort der Vertreibung der Juden und der Zerstörung des jüdischen Viertels kam es zu einer der größten Wallfahrten des Reiches.

Kurz vor der sich abzeichnenden Katastrophe hatte die alteingesessene jüdische Gemeinde sogar noch Martin Luther persönlich um Beistand gebeten. Helfen konnte er nicht. Aber er war über die Schandtat und den Bau einer Marienkirche über der zerstörten Synagoge zutiefst bestürzt. Luther warnte, dass solche Taten die liebe Madonna schwarz und hässlich werden ließen. Seine Mahnung sollte sich erfüllen: Der triumphale Kirchenneubau auf den Ruinen jüdischer Häuser kam zum Erliegen. In letzter Anstrengung konnte gerade noch der Chor eingedeckt werden. Zum nicht mehr ausgeführten Kuppelbau hin aber wurde er hässlich vermauert.

1542 wurde in dieser Bauruine im Namen des Magistrats die lutherische Reformation eingeführt. Das umliegende Herzogtum Bayern verhängte sofort eine mehrjährige Handelssperre. In dieser angespannten Lage musste klug taktiert werden. So blieb – anders als sonst – das alte Kirchenwesen mit seinem Bischofssitz in der Stadt bestehen. Ihm stand in Sichtweite die neue evangelische Pfarrei gegenüber. In dieser sogenannten Neupfarrkirche wurde nun mit klarer programmatischer Botschaft der Reformationsaltar errichtet.

Neue Bilder in bewährter Form

Der schlichte Flügelaltar nimmt äußerlich den Faden traditioneller Altarbilder auf: Die Rückseite zeigt den drohenden Jüngsten Tag, über dem der Dreieinige Gott zu Gericht sitzt. Wer auf Details achtet, entdeckt, dass nichts, weder Ablassbrief, Krone oder Papsthaube, vor dem Höllenschlund schützen. Auf tröstliche Weise groß aber ist die Zahl der Geretteten: In Scharen ziehen sie der himmlischen Herrlichkeit entgegen.

Die Art und Weise, wie der Magistrat und der Künstler die Tradition aufgriffen, zeigt einzigartig die Treue zur Reformation bei gleichzeitigem Willen zum versöhnlichen Dialog.

Dieses Bild auf der Rückseite blieb der Gemeinde weitestgehend verborgen. Nur die Ohrenbeichte und der Umgang nach Empfang des Abendmahles führte Gläubige daran vorbei. Anders erging es den Mitgliedern des Rates, die als Vertreter des landesherrlichen Kirchenregimentes dem Gottesdienst auf ihren Plätzen im Altarraum vorstanden: Sie betraten die Kirche durch eine Tür hinter dem Altar und wurden so direkt vor den Richterstuhl Christi geführt. Die Bürde ihres Amtes stand ihnen so deutlich vor Augen.

Auf den beiden beweglichen Flügeln korrespondieren außen Szenen aus dem Zyklus der Freuden und Schmerzen Mariens: Verkündigung und Jesu Geburt mit Kreuzigung und Jesu Grablegung. Weil Christus auf die Bitte seiner Mutter hörte und einst in Kana die Stimmung einer Hochzeitsfeier durch ein Weinwunder rettete, gilt Maria als die Fürsprecherin der Christenheit. Sie repräsentierte darin auch den Gnadenschatz, welchen die Kirche hütete. Gläubige auf diesen besonderen Schatz aufmerksam zu machen, war Sinn und Zweck eines jeden Altarbildes. Die Art und Weise aber, wie nun Gallus und Ostendorfer diese Tradition aufgriffen und neu formulierten, zeigt einzigartig die Treue zur Reformation bei gleichzeitigem Willen zum versöhnlichen Dialog.

Der geöffnete Altar zeigt im Mittelbild der geöffneten Festtagsseite ebenfalls den Schatz der Kirche. Aber es ist weder Maria noch ein anderer der verdienstvollen Heiligen, sondern es ist Christus selbst, der sich vor einer grünen Donaulandschaft inmitten seiner Apostel präsentiert. Ein Schriftband bekennt ihn als Gottes Sohn.

Weniger Kirche – mehr Gemeinde

Diese Gemeinde verkörpert an Christi statt den Schatz der Kirche. Im unteren Feld des zentralen Altarblattes ist sie abgebildet. Sie ist Basis und Ziel göttlichen Wirkens. Ein deutlich in Szene gesetzter Prediger ist dabei nicht nur bildlich die Brücke aus den Tagen der Apostel in die Gegenwart. Er verbindet auch wahrhaftig Christus, das Wort Gottes, mit seinen Hörern.

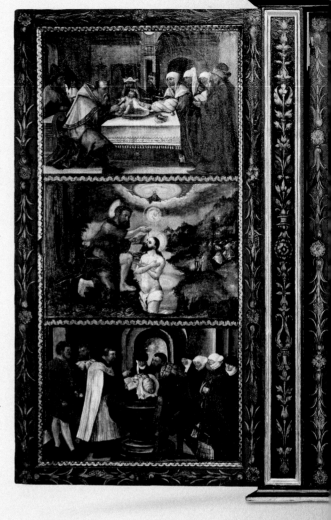

Ostendorfers Reformationsaltar war eine klare und programmatische Botschaft der evangelischen Christen.

Die flankierenden Flügel unterstreichen diesen Gedanken ebenfalls: Hier ist dargestellt, wie die Gemeinde durch die Feier der Sakramente in Gottes allgegenwärtiges und treues Handeln eingebunden ist: Die Feier der Taufe und des Abendmahles sind Fortsetzung des Mahles und der Taufe, die Christus eingesetzt hat. Und diese wiederum gründen – das zeigen die jeweils obersten Flügelbilder – im Handeln Gottes an Israel. Wer auf Details achtet, wird entdecken, dass dabei die Beschneidung Jesu und Jesu Teilnahme an einem Passamahl als Wurzel des Sakramentes beschrieben sind. 1555 wird sich noch

mancher lebendig erinnern, dass die jüdische Gemeinde genau an diesem Platz Knaben beschnitten und das Passamahl gefeiert hat. Der Ostendorfer-Altar zeigt, dass auch Jesus Jude war. Ob dies nur eine Regensburger Besonderheit ist oder ob Nikolaus Gallus auch durch seinen Aufenthalt in Wittenberg und Luthers besonderes Interesse am Schicksal der jüdischen Gemeinde Regensburgs zu dieser Aussage inspiriert wurde, ist eine offene Frage.

Die versammelte Gemeinde der Neupfarrkirche ist mit lebendiger Akribie verewigt: Ostendorfer ist hier ein typischer Vertreter der Renaissance: Der Mensch steht im Mittelpunkt. Seine Proportionen werden in die Proportionen der Architektur eingetragen. Gesicht an Gesicht drängt er sich im Gottesdienst der Neupfarrkirche. Seine Züge sind auf den Bildern so individuell gestaltet, dass sie mit großer Wahrscheinlichkeit Lebenden zugeordnet werden konnten.

Glaube als Zuspruch und Heiligung

Nach der Rückkehr evangelischer Pfarrer aus ihrem Exil bezeugt die Stadtchronik einen großen öffentlichen Bußgottesdienst. Diese kollektiv gestaltete Rückkehr der Stadtgesellschaft zur Reformation ist Zeugnis dafür, dass Religion und Glaube mehr ist als nur ein privates Gefühl. Vielmehr eröffnet sich hier ein weiter Horizont, der Menschen im Raum einer Bürgerschaft als von Christus gesandte beschreibt. Nicht um Kirche, sondern um Heiligung der Welt geht es; und um den Menschen, der in Christus Mensch wird. Ihm sind Sünden vergeben. Als großer Schlusspunkt ist dies rechts am unteren Rand des Hauptbildes dargestellt: Die Lossprechung von aller Schuld. Hier schließt sich tröstlich der Kreis zum Weltgericht auf der Rückseite.

Die Reformation setzte sich in Regensburg durch: 1631, mitten im Dreißigjährigen Krieg, wurde mit der Dreieinigkeitskirche eine der ersten lutherischen Gemeindekirchen errichtet. Der Ostendorfer-Altar in der Neupfarrkirche hatte damit seinen Zweck erfüllt und konnte durch einen moderneren Altar ersetzt werden. Nach Ende des Krieges war Regensburg eine evangelische Reichsstadt, in der ein katholischer Bischofssitz seine Heimat behielt. Dieses Alleinstellungsmerkmal führte dazu, dass Regensburg bis zum Ende des Heiligen Römischen Reiches Deutscher Nation Sitz des Immerwährenden Reichstages wurde. Katholische und evangelische Ständevertreter konnten in dieser Stadt ebenbürtig beherbergt werden. In der Binnensicht wurde das zum Anlass permanenter Auseinandersetzungen. Anders sah es Papst Benedikt XVI. anlässlich des Besuches in seiner Heimat im Jahr 2006: In Regensburg lud er zur Feier einer ökumenischen Vesper, denn Regensburg ist für ihn Sinnbild einer ökumenischen Stadt. •

Die Festtagsseite des Regensburger Reformationsaltares

Regensburg als südöstlicher evangelischer Vorposten

VON CHRISTINE GOTTFRIEDSEN

Österreich ein überwiegend evangelisches Land

Um die Mitte des 16. Jahrhunderts waren die habsburgischen Lande weitgehend evangelisch. Adelige besetzten die Pfarrstellen in ihren Gebieten mit evangelischen Predigern, ebenso verfuhren die Räte der Städte in den Kirchen, über die sie verfügen konnten. Nach dem Augsburger Religionsfrieden von 1555 stand dem Kaiser als Landesherrn zwar durchaus das Recht zu, in seinen Erblanden wieder katholische Gottesdienste durchzusetzen, er war aber wegen der Türkenkriege auf die Unterstützung des Adels und auf seine Steuern angewiesen. 1568 konnten die Adeligen in Nieder- und Oberösterreich die ausdrückliche kaiserliche Zusage erringen, dass in ihren Gebieten evangelische Gottesdienste gehalten werden dürfen, allerdings ließ der Kaiser sich das Zugeständnis teuer bezahlen.

Nicht nur der lutherische Zweig der Reformation, auch die Bewegung der Täufer hatte in den Anfangsjahren der Reformation in Österreich zahlreiche Anhänger gefunden und durch die räumliche Nähe ergaben sich auch Kontakte nach Regensburg. Die Brüder Freisleben, ursprünglich Schulmeister in Linz, schlossen sich den Täufern an und Leonhard wirkte zeitweise in Regensburg, taufte auch außerhalb der Stadt und musste sie deshalb 1527 verlassen. Einer der von ihm getauften, ein Schulmeister, wurde hier dann selbst aktiv, taufte neun Personen und predigte. Er wurde schließlich verhaftet und auf Druck des bayerischen Herzogs im Oktober 1528 hingerichtet,

Primoz Trubar auf dem Slowenischen Euro: Primoz Trubar (1508–1586) musste Laibach verlassen, nachdem er sich der Reformation angeschlossen hatte. Durch die Übersetzung der Bibel ins Slowenische prägte er seine Muttersprache. Die nötigen Finanzmittel dafür erhielt er durch den Rat der Stadt Regensburg, der an einer Ausbreitung der Reformation in Südosteuropa besonderes Interesse hatte. Seit 2007 trägt die Umlaufmünze des slowenischen Euros sein Bild

obwohl es in der Stadt durchaus Leute gab, die das nicht für das richtige Vorgehen hielten. Immerhin begnadigte ihn der Rat zum Tod durch das Schwert, er starb nicht auf dem Scheiterhaufen.

Prediger für Österreich aus Regensburg

Auch wenn in den meisten Kirchen des heutigen Österreich um die Mitte des 16. Jahrhunderts lutherisch gepredigt und das Abendmahl in beiderlei Gestalt gereicht wurde, fehlte eine übergreifende evangelische Kirchenorganisation. Bis zu der Religionskonzession 1568 durch Kaiser Maximilian II. unterstanden die Pfarreien rechtlich immer noch dem katholischen Bischof, und auch in der Folgezeit war in den habsburgischen Ländern keine Ordination möglich und es konnte keine theologische Ausbildungsstätte entstehen. Oft wurden deshalb geeignete Schulmeister zu einem kurzen theologischen Studium auf eine deutsche Universität geschickt und dann in einem evangelischen Territorium geprüft und ordiniert, bevor sie in ihrer Heimat als Prediger wirken konnten. Hier spielte vor allem für Oberösterreich Regensburg eine wichtige Rolle und besonders der Superintendent Nikolaus Gallus, der dieses Amt von 1553 bis zu seinem Tod 1570 innehatte. Er ordinierte zahlreiche österreichische Geistliche und vermittelte auch andere auf Stellen in Österreich. »Der Bischof und die Kirchenleitung der an sich nicht existenten evangelischen Kirche in Österreich saßen in Regensburg«, heißt es über die damalige Situation. Auch nach Gallus Tod rissen die Kontakte nicht ab, in den 50 Jahren zwischen 1574 und 1624 prüfte das Regensburger Konsistorium, ein Gremium aus drei Mitgliedern des Rats und drei Geistlichen, etwa 150 Prediger, die dann in der Neupfarrkirche ordiniert wurden und in Österreich Dienst taten. Auch einzelne Geistliche für Böhmen, Mähren und Ungarn wurden in Regensburg ordiniert.

Sowohl in den habsburgischen Gebieten als auch in Regensburg spielte theologisch in der Mitte des 16. Jahrhunderts ein strenges Luthertum eine wichtige Rolle. Nikolaus Gallus war einer der Wortführer dieser Richtung. In beiden Territorien lehnte man die Kompromisse, die das Augsburger Interim gefordert hatte, und manche Vorstellungen Melanchthons strikt ab. Gnesiolutherische Schriften von österreichischen Verfassern wurden in Regensburg gedruckt und Gallus sorgte für die Verbreitung entsprechender Schriften in Österreich. Wolfgang Waldner, ebenfalls strenger Lutheraner und Prediger in Steyr, das er aber schon 1548 verlassen musste, wurde ab 1558 zu einem der engsten Mitarbeiter von Gallus. Flacius Illyricus aus Kroatien, der führende Kopf des strengen Luthertums, war mit Gallus eng verbunden und hielt sich ab 1562 in Regensburg auf, allerdings mit der Auflage von Seiten der Stadt, dass er in aller Stille leben müsse und sich nicht in Kirchenangelegenheiten einmischen dürfe. Flacius dachte in dieser Zeit an die Gründung einer evangelischen Universität in Regensburg, vor allem für Österreicher und Südslawen. Als er aber im Streit um die Rechtfertigungslehre eine zunehmend radikale Position einnahm und die Erbsünde zu einem Wesensmerkmal des Menschen erklärte, trennte sich Gallus von ihm. 1566 muss er Regensburg verlassen. In Österreich hatte Flacius aber einflussreiche Anhänger, die vertriebenen Flacianern zu Predigtstellen verhalfen. Unter ihnen war auch Josua Opitius, Nachfolger von Gallus als Superintendent in Regensburg, der aber 1574 zusammen mit weiteren Predigern wegen Flacianismus entlassen wurde. In Wien sollen oft mehr als 8.000 Personen einer seiner Predigten zugehört haben, bis er 1581 von dort weichen musste.

Prediger aus Österreich fliehen nach Regensburg

Im 16. Jahrhundert traten von Regensburg aus zahlreiche Geistliche den Weg nach Österreich an, um dort zu wirken. Im folgenden Jahrhundert mussten zahlreiche Geistliche Österreich verlassen und flohen u. a. nach Regensburg. Unter Kaiser Rudolf II., der ab 1576 regierte, kam es zunächst in Niederösterreich, aber dann auch im Land ob der Enns zu Maßnahmen der Gegenreformation. Nach einer kurzen Beruhigung unter Kaiser Matthias begann mit dem Regierungsantritt von Ferdinand II. 1619 das vorläufige Ende evangelischen Lebens in Österreich. In seinen innerösterreichischen Gebieten, u. a. Kärnten und die Steiermark, war das Ende

Das neue Jerusalem ist das evangelische Regensburg

Der Herr erhalte auch ins künfftig dieses evangelische Zion …

Das evangelische Regensburg hat sich immer wieder als ein neues Jerusalem, als den Zion, als die Stadt, in der Gott wohnt, gesehen. Wie Zion/Jerusalem sah man sich von Feinden bedrängt, wie Zion/Jerusalem sah man sich unter dem besonderen Schutz Gottes.

Der Prediger Alkofer, Verfasser der kirchlichen Jahrbücher im frühen 18. Jahrhundert, schreibt sehr oft von unserem Evangelisch Regenspurgischen Zion, er betet um treue Lehrer und Prediger für Jerusalem und er überträgt Worte aus dem Zionspsalm 46 auf Regensburg.

Als man 1742 das 200-jährige Regensburger Reformationsjubiläum feiert, wird das Wiederbringen des Evangeliums nach Regensburg verglichen mit dem Einzug der Bundeslade in Jerusalem unter König David. Sie war in die Hände der Feinde geraten und wurde nun unter Jubel nach Jerusalem gebracht. Genauso war es der geistlichen Bundeslade, dem Evangelium, ergangen, bis es auch »unter allerley Saitenspiel, Harpffen und Psaltern, Lobgesängen und geistlichen Liedern mit Freuden wieder eingeholet worden.«

Gepredigt wurde beim Jubiläum u. a. über Ps 48,9: »Wie wir es gehört haben, so sehen wir es an der Stadt des Herrn Zebaoth, an der Stadt unseres Gottes: Gott erhält sie ewiglich« und gesungen hat man:

Erschallt, ihr frohen Jubel-Lieder,
Erhebt des grossen Gottes Ruhm!
Sein Gnaden-Antlitz schauet wieder
auf sein ihm heilges Eigenthum.
Und lässet es auf Zions Höhen
ein neues Jubelfest begehen.

schon eher eingetreten: Lieber wolle er über eine Wüste herrschen als die Ketzer zu dulden. Meist waren die Prediger und Schulmeister die Ersten, die gehen mussten. Viele kamen nach Regensburg und bewarben sich hier um eine Stelle, die meisten vergeblich. Neben Wolfgang Waldner war Stefanus Consul einer der wenigen Prediger, die ins Regensburger Ministerium aufgenommen wurden.

Regensburg braucht eine neue Kirche

Es waren aber bei Weitem nicht nur die evangelischen Prediger, die nach Regensburg strömten, sondern auch zahlreiche evangelische Gläubige, die vor der Wahl standen, ihre Heimat zu verlassen oder katholisch zu werden. In den Jahren um 1620 war der Zuzug am größten, die Plätze in den vorhandenen Kirchen reichten nicht mehr aus und der Rat der Stadt fasste 1626 den Entschluss zum Bau einer neuen Kirche, der heutigen Dreieinigkeitskirche. Zunächst behalf man sich damit, die Wochenpredigten auch in der Oswald-Kirche zu halten. Die Flüchtlinge, vor allem aus dem städtischen Bürgertum, waren zum Teil durchaus wohlhabend und konnten vor der Emigration ihre Häuser in Linz, Steyr oder Wels verkaufen. In Regensburg waren 1625 bereits 300 Häuser in Exulantenbesitz. Manche der Familien prägten in der Folgezeit das Leben in der Stadt mit als Ratsherren, Kaufleute, Gelehrte oder Geschichtsschreiber. Die Namen Gumpelzheimer, Prasch und Wild sind bis heute bekannt, nicht zuletzt durch Straßennamen; und am Neupfarrplatz erinnert das Palais des Kaufmanns Löschenkohl an eine Exulantenfamilie aus Steyr. Auch viele der evangelischen Regensburger Geistlichen stammten bis weit ins 18. Jahrhundert hinein aus den Exulantenfamilien.

Neuer Zustrom im 18. Jahrhundert

Nicht nur in den habsburgischen Ländern, sondern auch im Erzbistum Salzburg und in der Fürstprobstei Berchtesgaden fanden die reformatorischen Gedanken viele Anhänger. Das Glaubensleben fand weitgehend im Verborgenen statt, doch um 1730 kam es zur Ausweisung von allen, die sich zum evangelischen Glauben bekannten. Fast 20.000 zogen überwiegend nach Ostpreußen, Regensburg war davon zunächst nicht betroffen. Diese Massenemigration erregte bei den Zeitgenossen großes Aufsehen und ist im Gedächtnis geblieben, bis

Titelblatt eines Gedichtes, mit dem die Salzburger 1732 begrüßt wurden. Es beginnt mit den Worten: »Seyd tausendmal gegrüßt/ geliebte Glaubens-Brüder! Kommt/eilt nach Regensburg/und kehret bei uns ein.«

heute werden deshalb immer wieder alle wegen ihres Glaubens vertriebenen Österreicher als Salzburger Exulanten bezeichnet. Tatsächlich sind etwa 100 Jahre früher viel mehr Menschen aus den anderen Landesteilen ausgewandert, wenn auch nicht so spektakulär in einem großen Zug. Zweimal kamen »Nachzügler« der großen Emigration nach Regensburg, Fachkräfte, die zunächst weiter geduldet wurden, die aber auf ihre Auswanderung drängten, weil sie ihren Glauben nicht offen leben durften: Ende 1732 die Knappen des Salzbergwerks am Dürnberg bei Hallein mit ihren Familien, 740 Personen, denen eine Aufnahme in den Niederlanden zugesichert war, und im Frühjahr 1733 etwa 800 Personen, Holzschnitzer, Drechsler und Rechenmacher aus Berchtesgaden auf dem Weg in die Hannoverschen Gebiete des Königs von England. Beide Gruppen hielten sich einige Zeit in Regensburg auf und einige der Exulanten kamen schließlich dauerhaft hierher, weil die Lebensbedingungen in der neuen Heimat nicht so waren wie versprochen und erhofft. ●

Erst Reichsstadt, dann bayerische Provinz

Regensburgs Weg ins 19. Jahrhundert

—

VON FRIEDRICH HOHENBERGER

I m Reichssaal verbreitete sich die berühmt gewordene peinliche Stille: Der letzte Beschluss des Immerwährenden Reichstages am 25. Februar 1803 war ein Paukenschlag – und das Ende des alten Reiches. Mit dem Reichsdeputationshauptschluss gingen einige hundert Reichsstände unter. Im übriggebliebenen Rest verschob sich der Einfluss der Konfessionen: Der katholisch dominierte Reichsfürstenrat wurde, ebenso wie der Kurfürstenrat, mehrheitlich evangelisch.

In Regensburg ticken die Uhren anders

Etwas ganz anderes erlebte Regensburg: Aus den Ländereien der Reichsstadt und ihrer Reichsstifte wurde ein Staatsgebilde geschaffen, in dem der letzte Reichserzkanzler wie in einer Raumkapsel eine Miniatur des alten Reiches konservierte. Karl Theodor von Dalberg (1744–1817), letzter Kurfürst und Erzbischof von Mainz, letzter Stellvertreter des Kaisers, bezog die Residenz seines neuen Kurerzkanzlerstaates neben dem Regensburger Dom. Bevor Napoleon das Reich und den »Plapperverein«, wie er den Reichstag nannte, endgültig 1806 auflöste, wurde das evangelische Regensburg das letzte geistliche Kurfürstentum. Etwa 6.000 lutherische Bürger bekamen über Nacht einen katholischen Alleinherrscher vorgesetzt.

Neben ihnen bewohnten allerdings dreimal mehr Katholiken die Stadt. Deren Zuzug war seit Eröffnung des Immerwährenden Reichstages (1663) stetig gestiegen. Das reichsstädtische Bürgerrecht blieb jedoch weiterhin an die lutherische Konfession gebunden. Damit verbunden war das Recht des Immobilienbesitzes und des Ausübens eines Gewerbes. Der soziale Status hing an der Konfession.

Karl Theodor von Dalberg – ein Glücksfall für die Stadt, bevor Bayern kam

Die Stadt war bunt, international, voller Prunk, Klatsch und Skandal. Wirtschaftlich und sozial aber war sie rückständig. Dalberg öffnete durch ein Toleranzedikt auch Katholiken und Juden den Zugang zum Bürgerrecht. Das Gerichtswesen vertraute er studierten Juristen an, die Versorgung der Kranken übergab er dem neuen Evangelischen Krankenhaus, Kindern schenkte er die Schulpflicht und die Armenfürsorge wurde geordnet. Als dem Bauherrn der Aufklärung ist seine Handschrift bis heute an Bismarckplatz, Dörnbergpark oder dem vornehmen Thon-Dittmer-Palais am Haidplatz abzulesen.

Napoleon übertrug die in den napoleonischen Kriegen verwüstete und verarmte Stadt 1810 dem Königreich Bayern, das einen Regierungssitz für die Obere Pfalz und Regensburg einrichtete. Jetzt wurde die Stadt geplündert. Nahezu alle großen Klöster und Stifte wurden aufgelöst, das Vermögen eingezogen, Bibliotheken zerrissen, Kunstschätze – wie das Goldene Buch – verschleppt. Das Erzbistum Regensburg wurde der Erzdiözese München eingefügt und das Evangelische Konsistorium als Dekanatssitz der Evangelischen Landeskirche fortgeführt. Familie von Thurn und Taxis übernahm St. Emmeram und baute es zur Residenz aus.

Das Bürgerrecht konnte nur erwerben, wer vermögend war, in erster Linie nach wie vor die wohlhabenden evangelischen Familien. Vier von fünf einflussreichen Ämtern, und vor allem das Bürgermeisteramt, wurden bevorzugt evangelisch besetzt. Am Ende des Königreiches hatte die Stadt 50.000 Einwohner. Von sieben waren sechs katholisch. Nur jeder Zehnte besaß das Bürgerrecht. Diese

Am Eckgebäude vom Domplatz zur Residenzstraße erinnert eine Tafel an Napoleons Aufenthalt in der Stadt. Bei der Belagerung zog sich der Unbesiegbare eine erste – leichte – Verletzung am Fuß zu. Später sahen manche darin den Anfang seines Scheiterns

Spreizung löste immer wieder konfessionelle Rangeleien aus. Einer konservativen, katholisch-klerikal geführten Mehrheit standen dabei liberale, freisinnige, evangelische Kräfte gegenüber.

Querelen, Affären, Intrigen

Karl von Abel, seit 1837 Minister des Innern, zum katholischen Glauben konvertiert, hielt seine Abneigung gegen Evangelische nicht verborgen. Auf sein Betreiben gab König Ludwig I. Anordnung, dass Soldaten, egal welcher Konfession, während der Messe und bei Fronleichnamsprozessionen vor dem Allerheiligsten niederknien müssen. Das Kommando lautete: »Aufs Knie!« Während sich die Kirchenleitung bedeckt hielt, schlug der Unmut der lutherischen Bevölkerung in den Medien große Wellen. Ludwig I. hielt zu seinem Minister, nahm den Erlass aber 1845 zurück.

Zwei Jahre später allerdings trübte eine andere Affäre das Verhältnis des Königs zu seinem treuen Vertrauten: Lola Montez, eine schottische Tänzerin mit fragwürdigem Leumund, eroberte die Bühnen der Stadt. Auch der König erlag ihren Reizen. Von Abel aber verweigerte ihr das Bürgerrecht. Darauf kündigte ihm Ludwig ungnädig das Amt und hatte Lust, an der Donau einen anderen Streitfall nun erst recht zu beenden.

Wallfahrtsstätte Walhalla ohne den Reformator Martin Luther

Vor den Toren Regensburgs hatte Ludwig I. seine Idee von einer nationalen Wallfahrtsstätte verwirklicht, in der jenseits aller Konfession, Stand oder Geschlecht, allein die Sprache eine Nation sichtbar verbinden sollte. Ludwig, Sohn einer evangelischen Mutter, ließ vom evangelischen Archi-

tekten Leo von Klenze mit der Walhalla dafür das bedeutendste deutsche Nationaldenkmal schaffen. Früh begann er Büsten berühmter Persönlichkeiten anfertigen zu lassen. An die hundert bezogen am 18. Oktober 1842 zur Eröffnung den Ruhmestempel.

Erstaunlicherweise fehlte einer: Martin Luther. Es kam zu Unruhen. Bereits 1832 war seine Büste angefertigt worden! Aber der konservative katholische Innenminister Karl von Abel verhinderte ihre Aufstellung. Luthers Bibelübersetzung und seine bleibende Prägung der deutschen Sprache wogen nichts gegen den Vorwurf, er habe mit der Reformation die Nation zerrissen. Zudem stand Luther gerade in Kreisen der Opposition, vor allem des revolutionären Vormärz, hoch im Kurs.

Alle Vorbehalte Ludwigs gegen Luther schwanden, als Studenten, die Kirche, das ganze Volk gegen seine geliebte Lola Montez in Aufruhr gerieten. Ludwig I. wollte nun der, wie er es nannte, Jesuitenherrschaft ein Ende bereiten. Am 5. März 1848 ließ er Luthers Büste – außerhalb der Raumordnung – neben Goethe in der Walhalla aufstellen.

Zwei Tage später übertrug er dann überraschenderweise auch dem evangelischen Gottlieb von Thon-Dittmer das Innenministerium. Dieser nutzte seine Zeit und reformierte Verfassung, Justiz und Pressefreiheit. Die Aufhebung der Gerichtsbarkeit der Gutsbesitzer und des Frondienstes der Bauern war eine der größten sozialen Reformen des 19. Jahrhunderts. Acht Monate konnte er regieren, dann entließ ihn Maximilian II.

Die Reihen der marmornen Büsten in der Walhalla wurden weiterhin alle fünf Jahre ergänzt. Den abschließenden Platz nimmt, neben nurmehr vier freien Plätzen, seit 2003 eine Studentin ein: Sophie Scholl. In Ulm aufgewachsen und konfirmiert, bezahlte sie ihren christlich geprägten Widerstand gegen den Terror der NS-Zeit mit dem Leben.

Konfessionelle Grabenkämpfe

Fast taggleich zu den Eröffnungsfeierlichkeiten der Wallhalla wurde in der Neupfarrkirche an den 300. Jahrestag der Regensburger Reformation erinnert. Domprediger Anton Westermayer giftete. Er machte die Reformation verantwortlich dafür, dass Völker gegen ihre Fürsten aufbegehrten. Den Evangelischen hielt er eine moderne Rationalität ohne Moral und ohne religiösen Respekt vor. Sein Rat an Bayern: besser katholisch gestorben als lutherisch verdorben.

Westermayer war der typische Repräsentant eines erzkonservativen, papsttreuen Regensburger

Dompersonals. In der Stadt war *das* tonangebende katholische Verlags- und Zeitungswesen des Landes entstanden. Ähnlich wie im alten Rom war die Donau die Grenze, welche eine Kulturlandschaft hier vom Barbarenland dort unterschied. Die Kultur bezog sich auf Rom, lebte in Bayern und seinem Katholizismus. Das andere hingegen auf den Protestantismus in Verbindung mit Preußen. Hier wurde gläubig-konservativ bewahrt, dort rational-liberal zerstört.

Erweckung und Herzensfrömmigkeit

Auf diesen fruchtbaren Boden säte im frühen 19. Jahrhundert eine andere Bewegung: eine auf Christus konzentrierte Herzensfrömmigkeit, die sich nicht in Spekulationen über die Welt verlor, sondern im Dienst am Nächsten Glauben leben wollte. Ausgerechnet ein Katholik, noch dazu Bischof von Regensburg, wirkte hier prägend: Johann Michael Sailer (1751–1832). Er inspirierte auch die evangelische Erweckungsbewegung. Durch Pfarrer Gustav Adolf Wiener (1812–1892) fand sie Eingang in Regensburg.

Wieners Predigten füllten Gottesdienste. Dann aber erwiderte er Westermayers Provokationen und wurde zur Wahrung des Konfessionsfriedens nach Franken strafversetzt. Dort begegnete er Wilhelm Löhe, dem Vater der bayerischen Diakonie. Zurück in Regensburg baute er eine häusliche Krankenpflege auf. Sein diakonisches Werk begründete er gut lutherisch: »Weil wir selig sind, dürfen wir heilig werden!«

Ein junger Studieninspektor, der das Regensburger Alumneum zu neuer Blüte führte, war von Wieners Wirken tief beeindruckt: Hermann von Bezzel (1861–1917). Auch er widmete sich unter dem Motto »Räume zu durchbeten« dem Dienst am Nächsten, führte als Nachfolger Löhes das Werk in Neuendettelsau fort und lenkte ab 1909 als Oberkonsistorialpräsident die Geschicke der Bayerischen Landeskirche.

Die konfessionellen Grabenkämpfe des 19. Jahrhunderts sind vergangen. Das von Königin Marie großzügig unterstützte Werk Gustav Wieners hat sich als diakonisches Vermächtnis erhalten. Das Marienstift am Peterstor dient bis heute der Jugend. Im 150. Jahr des Bestehens wurden Wohnungen für Studierende und unbegleitete minderjährige Flüchtlinge eingerichtet. Im Erdgeschoss wird sich die Evangelische Studentengemeinde (ESG) – ganz im Sinne Wieners – in einer neuen Hauskapelle versammeln: damit Glaube und Tat Hand in Hand gehen. ●

Ein Ausflugstipp

Im 19. Jahrhundert ließ König Ludwig I. auch donauaufwärts die Befreiungshalle errichten.

Wilde Flussromantik, königliche Pracht und Klosterbier im westlichen Donautal! Die Befreiungshalle befindet sich auf einem Berg oberhalb der Stadt Kelheim an der Einmündung der Altmühl in die Donau. König Ludwig I. ließ sie im Gedenken an die gefallenen Soldaten der Befreiungskriege gegen Napoleon errichten. Die Zahl 18 tritt architektonisch besonders hervor. Sie erinnert an die Völkerschlacht von Leipzig am 18. Oktober 1813 und die Schlacht von Waterloo am 18. Juni 1815. Im Innenraum reichen sich 34 Siegesgöttinnen aus weißem Carrara-Marmor die Hände zum feierlichen Reigen. Zu besichtigen tägl. 9.00–18.00 Uhr (Einschränkung Oktober–März), Befreiungshallestraße 3, 93309 Kelheim.

Im Donaudurchbruch bei Weltenburg bahnt sich die Donau wildromantisch ihren Weg zwischen bis zu 80 Meter hohen Felswänden. Die engste Stelle an der sogenannten Langen Wand ist nur mehr 110 Meter breit und 20 Meter tief.

Das Kloster Weltenburg wurde auf einer Kiesbank am Durchbruch als (vielleicht) ältestes Kloster Bayerns im 7. Jahrhundert durch iroschottische Mönche gegründet. Im 8. Jahrhundert wurde die benediktinische Regel übernommen. Unbedingt sehenswert ist die von den Brüdern Asam mit lichter barocker Theatralik gestaltete Klosterkirche. Seit 1050 wird in der ältesten Klosterbrauerei der Welt das berühmte Weltenburger Dunkel gebraut und im Klostergarten ausgeschenkt. Der Klosterausschank schließt um 18.00 Uhr.

Acht Regensburger Persönlichkeiten prägten die Stadt

—

ZUSAMMENGESTELLT VON HANS SCHWARZ

Der Reformator Johann Hiltner (1485/95–1567)

»Wie stellt man einen evangelischen Geistlichen an?«
von Wolfhart Schlichting

Der Jurist Johann Hiltner wird als »Reformator der Reichsstadt Regensburg« bezeichnet, denn er kämpfte unter Ausschöpfung aller rechtlichen Mittel darum, die institutionellen Voraussetzungen für die Verkündigung des »wahren, lauteren Wortes Gottes« zu schaffen. Seit 1523 wirkte er als »Erster Rechtsrat und Anwalt« der Reichsstadt Regensburg.

Eine seiner ersten Aufgaben war, ein Gutachten zu erstellen, »wie man einen evangelischen Geistlichen« anstellen könne. Hiltner, der 1525 im Auftrag des Rates Wittenberg besuchte und fortan mit Luther in Verbindung blieb, hatte die Anliegen der Stadt als ihr offizieller Vertreter bei allen Reichstagen zu vertreten. Nach zehn konfliktreichen Jahren, die Hiltner mit beharrlicher Geduld durchstand, konnte der theologische Reformator Nikolaus Gallus als Superintendent seinen Dienst antreten. Hiltner konnte noch bis zu seinem Tod 1567 mit Gallus am Aufbau der von der freien Entscheidung gläubiger Bürger getragenen reichsstädtischen Kirche zusammenwirken.

▶ **PFARRER DR. WOLFHART SCHLICHTING**
war u. a. Studentenpfarrer in Regensburg, Mitglied der Landessynode und der Synode der EKD sowie Rundfunkprediger.

Argula von Grumbach (1492–1568)

Europas erste Reformatorin
von Andrea König

Argula von Grumbach wurde als Reichsfreiin von Stauff unweit von Regensburg geboren. Nach dem Tod ihrer Eltern heiratete sie mit 17 Jahren den Reichsritter Friedrich von Grumbach und zog nach Dietfurt. Argula las die Schriften Martin Luthers und stand u. a. in Verbindung mit dem Reformator Nürnbergs, Andreas Osiander, und dem Vertrauten des Kurfürsten und Luthers, Georg Spalatin. Als 1523 ein junger Magister namens Arsacius Seehofer an der Universität Ingolstadt zum Widerruf gezwungen und verbannt wurde, trat Argula öffentlich in Erscheinung. Sie verfasste ein Sendschreiben, in dem sie dem Mandat der Herzöge, das religiöse Abweichung verbot, widersprach, klar Partei für Luther ergriff und Verachtung gegenüber dem Papst äußerte. Zudem forderte sie die Ingolstädter Theologen auf, mit ihr – einer Frau – zu diskutieren, in deutscher Sprache, auf der Basis der Heiligen Schrift und öffentlich.

Das Sendschreiben wurde als Flugschrift gedruckt, verbreitet und bald zur Sensation. Luther selbst nannte Argula »ein einzigartiges Werkzeug Christi«.

▶ **DR. ANDREA KÖNIG**
ist Leiterin der Fachstelle für Frauenarbeit im FrauenWerk Stein e. V. in der Evang.-Luth. Kirche in Bayern.

Der Reformator Nikolaus Gallus (1516–1570)

Er prägte die Regensburger Reformation
von Susann Schmidt-Ehrlich

Der Reformator Nikolaus Gallus wurde 1516 als Sohn einer angesehenen Familie in Köthen geboren, studierte in Wittenberg bei Jonas, Schenck und Melanchthon und war tief geprägt von der Theologie und der Person Martin Luthers.

Der Regensburger Rat, der 1542 vor der schwierigen Situation einer Gemeindeorganisation stand, berief auf Empfehlung von Luther und Melanchthon Gallus nach Regensburg. Im Mai 1543 kam Gallus in die Stadt und war zunächst als Diakon und Prediger tätig. Im September 1553 wurde er als Superintendent zum entscheidenden Gestalter der Regensburger Gemeinde. Gallus ordnete unter anderem Gottesdienste und Glaubenslehre neu. Die Reinheit der lutherischen Lehre war sein zentrales Anliegen. Aber auch seine Anregungen – etwa der Aufbau einer Mädchenschule, die Schließung der städtischen Bordelle oder die Einschränkungen zur Fastnacht –, mündeten in Schul-, Hochzeits- und Polizeiordnungen, die die Menschen nicht nur reglementierten, sondern sie auch unter den Schutz der Stadt stellten.

Gallus verstarb im Juni 1570 während eines Kuraufenthalts.

▶ **SUSANN SCHMIDT-EHRLICH, M. A.**
ist wissenschaftliche Mitarbeiterin am Institut für Evangelische Theologie der Universität Regensburg.

Johannes Kepler (1571–1630)

Ein großer Sohn der Stadt
von Albrecht Klose

Johannes Kepler wurde am 27. Dezember 1571 in Weil der Stadt geboren. Hohen Ruhm als Naturwissenschaftler und Mathematiker erwarb sich Kepler schon unter Zeitgenossen, nachdem er in grundlegenden Werken zur Optik und zur Astronomie die Gesetze der Planetenbewegung beschrieben hatte.

Kepler stand als Theologe zwischen allen Fronten, da er mit keiner Konfession einig war. Er war ein Vertreter einer vom lebendigen Gottesglauben erfüllten, auf der Philosophie von Platon und Nikolaus von Kues gegründeten Weltanschauung. Seine These von der Harmonie im Bauplan der Welt machte ihn zu einem Befürworter des Ausgleichs unter den christlichen Konfessionen.

Kepler hielt sich mehrfach in Regensburg auf. 1613 kam er als Berater für die Kalenderreform zum Reichstag nach Regensburg. 1620–1622 und 1626–1628 ließ er die Familie in Regensburg, während er nach Württemberg reiste. In Regensburg wurde eine Tochter Keplers getauft und seine Ehefrau 1636 bestattet.

Kepler war niemals Bürger der Stadt und nie Mitglied der evangelischen Gemeinde. Die Gemeinde sieht in Kepler vor allem den Christen, den sie wegen der Treue zum evangelischen Bekenntnis zu den ihren zählt.

▶ **DR. ALBRECHT KLOSE**
ist Bibliothekar i. R. an der Universität Regensburg.

Pfarrer und Protestant Salomon Lentz (1584–1647)

Man stand Schlange, um seine Predigten zu hören
von Wolfhart Schlichting

Im großen Kaiserdom von Magdeburg war Salomon Lentz am 3. Mai 1619 zum Pfarrer ordiniert worden. Zehn Jahre später wurde er als Superintendent nach Regensburg berufen.

Am Sonntagmorgen standen die Regensburger auf dem Neupfarrplatz Schlange, wenn Lentz die Predigt hielt, um vielleicht noch auf der neuerdings eingezogenen dritten Empore Platz zu finden. Seit 1553 stand auch die Oswaldkirche zu Verfügung. Aber schon zehn Jahre später musste der Rat wegen Raummangels das geräumige, wenig genutzte Kirchenschiff der Dominikanerkirche für evangelische Gottesdienste in Anspruch nehmen. Vor allem die Glaubensmigranten aus Österreich, die sich wegen Gottes Wort aus der Heimat hatten vertreiben lassen, gingen als Gottesdienstbesucher mit gutem Beispiel voran. In der Zeit der beginnenden Frühaufklärung setzte Lentz sich für die Kontinuität des kirchlichen Bekenntnisses ein. Als er 1630 den sterbenskranken Astronomen Johannes Kepler aufsuchte, fand er ihn »in dubitatione (zweifelnd) in der Religion«.

Jakob Christian Schäffer (1718–1790)

Naturforscher, Umweltfreund und Superintendent
von Wolfhart Schlichting

Jakob Christian Schäffer war einerseits ein typisches Kind seiner Zeit, ein Pfarrer des 18. Jahrhunderts, wie man ihn sich vorstellt, der einen großen Teil seiner Zeit mit Naturbeobachtung und der Konstruktion »nützlicher« Maschinen zubrachte; andererseits kämpfte er gegen den Geist seiner Zeit. Als Naturforscher fand Jakob Christian Schäffer Anerkennung. Er wurde zum Beispiel Fachmann für »Schwämme um Regensburg« (1795) und erfand einen »zur Ersparung des Holzes höchst vorteilhaften«, also umweltfreundlichen Ofen. Er wurde »Rat Seiner Königlichen Majestät zu Dänemark«, Mitglied der Akademien von Berlin, London, Uppsala, Petersburg, Rovereto und München, der botanischen Gesellschaft in Florenz, Göttingen, Leipzig, Altdorf und Erlangen und korrespondierendes Mitglied der Akademie zu Paris.

Sigmund Jakob Baumgarten vermittelte ihm 1738 eine Hauslehrerstelle im Hause des Patriziers Mühl in Regensburg. Als er nach einem Jahr zurückkehren wollte, war eine Pfarrstelle zu besetzen. Als Prediger in St. Oswald fand er bei allen Bevölkerungsschichten Anklang. 1779 wurde er zum Superintendenten von Regensburg gewählt. Vom Halleschen Pietismus angeregt, gründete er Bibelkreise, in denen eine Frömmigkeit, die von Sünde und Wiedergeburt wusste, das Zeitalter der Vernunft, das nur Tugend und Unsterblichkeit kennen wollte, überstand.

Gustav Adolf Wiener (1812–1892)

Der aufrechte Lutheraner und liebevolle Vater der Regensburger Inneren Mission
von Klaus Weigelt

Nach Gustav Adolf Wiener wurde die Seniorenbegegnungsstätte der Diakonie Regensburg in der Schottenstraße 6 benannt. Gustav Adolf Wiener war ein begabter Wissenschaftler und ein aufrechter lutherische Theologe. Er gab in drei Predigten, die er im Oktober 1842 zum 300. Jubiläum der Reformation in Regensburg zu halten hatte, von der Kanzel der St. Oswaldkirche zu verstehen, dass die Regensburger, wenn sie »matt, schläfrig und weltlich« blieben … »wird euch unversehens das Papsttum wieder umgarnt haben, daß ihr der Menschen Knechte werdet!« Die Predigten ließ er im gleichen Monat noch drucken, ebenso wie sein Widersacher, Domprediger Anton Westermayer, der seinerseits gegen Luther gewettert hatte. Der Eklat war perfekt. Der König enthob beide Kontrahenten ihrer Ämter, und Wiener fand sich strafversetzt zunächst bei Gunzenhausen und später in Fürth, wo er sich für das bayerische Ein-

heitsgesangbuch (1854) einsetzte. Wieder in Regensburg erwirkte er 1865 die königliche Genehmigung zur Errichtung eines Stifts für hilfsbedürftige bayerische Pfarrerstöchter. Die preußische Prinzessin Marie, Königin von Bayern und Mutter Ludwigs II., legte dazu den Grundstock, so dass das »Marienstift« bis heute ihren Namen trägt.

▶ **KLAUS WEIGELT**
wurde 1941 in Königsberg in einem evangelischen Pfarrhaus geboren und ist Präsident der Stiftung Deutsche Kultur im östlichen Europa – OKR in Königswinter.

Therese Mathilde Amalie von Thurn und Taxis (1773–1839)

Eine Krone der Frauen
von Albrecht Klose

Therese von Thurn und Taxis (geboren als Herzogin von Mecklenburg-Strelitz am 5. April 1773 in Hannover und gestorben am 15. November 1839 in Regensburg) bezauberte durch auffallende Schönheit, Eleganz und Liebenswürdigkeit.

Therese, die nach dem Tod des Schwiegervaters 1805 die Leitung des Fürstenhauses übernommen hatte, entfaltete eine diplomatische Tätigkeit, um die Interessen des Fürstenhauses beim Postwesen zu sichern bzw. den verlorenen Status als souveräner Reichsfürst wiederzugewinnen. Dabei konnte sie nur Teilerfolge erzielen, aber es gab umfangreiche Entschädigungen.

Therese war mehr als nur eine prominente Mitbürgerin. Sie legte die graphische Sammlung des Fürstenhauses an und gestaltete ihr fürstliches Schloss, dessen heutige Gestalt wesentlich ihr zu verdanken ist.

Therese hat sich zeitlebens als evangelische Christin verstanden. Geistige Aufgeschlossenheit, soziales Engagement und politische Führungskraft machten sie zu einer der markantesten Frauengestalten ihrer Zeit.

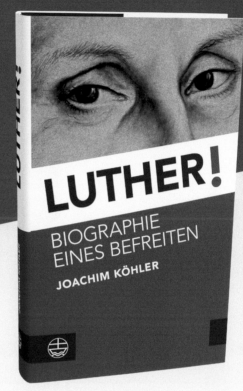

KIRCHE, STADT UND GEMEINDELEBEN

Die Reformation war eine Bewegung junger Menschen. Sie bedienten sich damals moderner Medien, waren international vernetzt und erlebten fundamentale Bedrohungen: den Islam vor Wien, die Entdeckung neuer Welten, den wachsenden Einfluss der Kaufleute, den Glaubwürdigkeitsverlust der Kirche. Wir können 500 Jahre später fast nahtlos daran anknüpfen und auch in unseren Krisen Chancen entdecken.

Regensburg – Stadt der Ökumene

Ein Gespräch der Theologen Dekan Roman Gerl (Röm.-Kath. Kirche), Studentenpfarrer Friedrich Hohenberger (Evang.-Luth. Kirche) und Pastor Wilhelm Unger (Mennonitengemeinde)

DIE FRAGEN STELLTE WERNER THIEDE

▶
Der berüchtigte
Donaunebel ist in den
letzten Jahren erträg-
licher geworden
und schenkt einen
zauberhaften Blick
vom Dreifaltigkeits-
berg auf den alles
überragenden Dom

◀ Seiten 68/69
Unter dem Pflaster
die Reste des
jüdischen Viertels,
im Hintergrund der
Hohe Dom St. Peter
und mitten auf dem
Platz die unvollendet
gebliebene Neupfarr-
kirche: Die alte Frage
nach Gott beschäftigt
Menschen auch im
21. Jahrhundert

Die beiden großen Konfessionen lebten über Jahrhunderte nebeneinander in einer Stadt. Seit 1820 siedelte sich mit den Mennoniten eine der ältesten Freikirchen in Regensburg an. Sie nutzten lutherische Kirchen. In den Jahren des Nationalsozialismus wurde dank einer ökumenischen Demonstration beherzter Mütter der Verbleib der Schulkreuze durchgesetzt. Der erste ökumenische Gottesdienst wurde am 13. Mai 1970 in der Neupfarrkirche gefeiert. Seit 1979 laden die Bildungswerke zu Ökumenischen Gesprächen: Die lange Referentenliste bildet das Who is Who der deutschsprachigen Theologie ab.

Die 1999 in Augsburg unterzeichnete Gemeinsame Erklärung zur Rechtfertigung verdankt ihre Geburt einem letzten klärenden Gespräch in Regensburg, an dem der ev.-luth. Altbischof Johannes Hanselmann, Kardinal Josef Ratzinger sowie die Theologieprofessoren Joachim Track und Heinz Schütte teilnahmen.

In Regensburg existieren heute Gemeinden der Adventisten, der Baptisten, der Mennoniten sowie Pfingstgemeinden und Freie Evangelische Gemeinden. Hinzu kommen eine alt-katholische Pfarrgemeinde sowie diverse orthodoxe Gemeinden. Seit 1992, mit Gründung einer Ortsgruppe der Weltkonferenz der Religionen für den Frieden (WCRP), weitet sich die christliche Ökumene zu einer Ökumene der Weltreligionen. Das 21. Jahrhundert wird interkulturell, global und multireligiös geprägt sein. In diesem Geist wurde auf Initiative der Studenten- und Hochschulgemeinden im Studierendenhaus der Ostbayerisch-Technischen Hochschule 2014 ein multireligiös genutzter Gebetsraum eingerichtet.

Papst Benedikt XVI. bezeichnete Regensburg 2006 bei seinem Besuch in der Heimat als Stadt der Ökumene. Wie bewerten Sie diese Auszeichnung?
Hohenberger: Es ist der vielleicht schönste Titel, den die Stadt der Reformation heute trägt. Er hat etwas Versöhnliches, denn oft wird das Gegeneinander betont. Aus einer distanzierten Perspektive auf Regensburg wird sichtbar, dass sich seit der Reformation hier zwei Konfessionen arrangiert haben. Andernorts haben sie sich die Kirchen angezündet …

Gerl: Ich erkenne aber auch den Auftrag, weiter zu bauen an einem guten gemeinsamen Fundament. Da sind Hauptamtliche genauso gefordert wie Ehrenamtliche. Manchmal fehlt dazu noch der Mut.

Unger: Ich habe eine differenzierte Wahrnehmung: In dem Stadtteil meiner Gemeinde haben wir eine ausgezeichnete Ökumene als katholische, evangelische und mennonitische Gemeinde. Für die Stadt Regensburg habe ich den Eindruck, dass die Römisch-Katholische Kirche Wert darauf legt, eine Vorrangstellung einzunehmen. Nicht-katholische Christen finden leider nur selten eine Anstellung in einer katholischen Einrichtung. Die Delegierten in der ACK Regensburg haben aber ein sehr gutes Miteinander. Das sind für mich wunderschöne Erlebnisse.

Was fasziniert Sie an Ihrem ökumenischen Gegenüber?
Unger: Ich freue mich über das viele Gute für Gottes Reich, welches überall in und durch die anderen

Das Startkapital kam von den Dominikanern ...

Dreieinigkeitskirche und Gesandtenfriedhof in Regensburg

—

VON HANS-CHRISTOPH DITTSCHEID

Nach Einführung der Reformation in Regensburg im Jahr 1542 dienten zunächst bestehende Kirchen für den evangelischen Gottesdienst. Einen Sonderfall bot jedoch die frühgotische Dominikanerkirche St. Blasius: Sie wurde beiden Konfessionen zugleich als Simultaneum zugesprochen, was zu einer Querteilung der weiträumigen Basilika führte. Im Chor wurde nach wie vor katholischer Gottesdienst gefeiert, im westlich daran anschließenden Langhaus evangelischer Gottesdienst. Für beide Seiten wurde dieses rund 85 Jahre währende Simultaneum immer weniger erträglich, zumal evangelische Glaubensvertriebene aus Österreich, sogenannte Exulanten, seit Ausbruch des Dreißigjährigen Kriegs in die Freie Reichsstadt Regensburg drängten und dort verstärkt um Asyl nachsuchten. Um den Streit zu beenden, entschied das Reichskammergericht 1627, die Dominikaner sollten gegen Zahlung von 6.000 Gulden binnen drei Jahre wieder alleinige Nutzer der Dominikanerkirche St. Blasius werden. Der tatsächlich geleistete Betrag diente als Startkapital für den Neubau der Kirche, deren Planung vom Rat der Stadt Regensburg umgehend in Angriff genommen wurde.

Erste und gescheiterte Pläne

Zunächst lieferte der aus Pfalz-Neuburg stammende Baumeister Matthias Stang Pläne für zwei alternative Projekte. Er scheiterte allerdings mit seinen Plänen, da er nicht schnell genug lieferte. Wegen der getroffenen gerichtlichen Vereinbarungen sollte die neue Kirche nämlich binnen drei Jahre vollendet sein. So wandte sich der Rat an den Nürnberger Ingenieur Johann Carl. Zum Bauplatz wurde ein im städtischen Besitz befindliches Grundstück bestimmt, das unweit der Dominikanerkirche an der Kreuzung zwischen Gesandtenstraße und Am Ölberg in direkter Nachbarschaft zur Poetenschule lag.

Johann Carl schlug eine dreischiffige Hallenkirche mit Steingewölben und ausgeschiedenem, polygonal schließendem Chor vor. Stilistisch weist das Projekt zahlreiche nachgotische Züge auf – die Rückkehr zur Gotik könnte durchaus programmatisch gemeint gewesen sein – als Ausdruck des Festhaltens an der Tradition, die ja auch für Luthers Reformation ein Zurück zu den Ursprüngen bedeutete. Die Hallenkirche kam jedoch nicht in Betracht; sie war wohl zu groß und zu teuer.

Das Notwendige, schlichte entsprach dem Geldbeutel und der Theologie

Der Nürnberger Baumeister sah sich deshalb zu einigen radikalen Einschränkungen gezwungen. Carls revidiertes Projekt beschränkte sich nunmehr auf das Notwendigste einer evangelischen Kirche: einen einschiffigen, schlichten Saal mit halbrund schließendem Chor und Fassadenturm. In mehreren Überarbeitungen gelangte Carl schließlich zu jenem Projekt, das zum Bau der heute noch erhaltenen Dreieinigkeitskirche führen sollte. Dieser Bau entspricht exemplarisch den Vorstellungen von einer lutherischen Stadtkirche aus der Zeit des Dreißigjährigen Kriegs.

Die fünfjährige Bauzeit begann 1627

Bei der Grundsteinlegung am 4. Juli 1627 wurde ein hölzernes Baumodell präsentiert, das die Kirche in verkleinertem Maßstab vorwegnahm und zu Spenden aufforderte. Das Modell zeigt die überaus aufwändige Konstruktion des hölzernen Dachstuhls, eine Meisterleistung der Zimmermannskunst. Der Querschnitt durch den Dachstuhl weist ein Kehlbalkendach auf, in das ein hölzernes Tonnengewölbe eingefügt ist. Das bot den Vorteil, einen äußerlich gedrungenen Kirchenbau im Inneren als monumentalen Saal zu konzipieren. Der fast konsequente Verzicht auf Pfeiler oder Säulen wurde damals besonders gelobt, erlaubte er doch, von fast allen Sitzplätzen aus ungehindert auf Altar und Kanzel blicken zu können. Selbst die hölzerne Empore, die den Saal auf drei Seiten umzieht, ruht lediglich auf diagonal geführten Streben, die auf Wandkonsolen aufruhen. Symbolträchtig wird die einzige vorhandene Säule im Innenraum zum Tragen der Kanzel eingesetzt, die erst 1656 zur endgültigen Gestalt gefunden hatte. Insgesamt finden etwa 1.000 Menschen im historischen Gestühl Platz.

Durch Konzentration auf Predigt und
die rechte Einsetzung des Altar-
sakramentes entstand mit der
Dreieinigkeitskirche ein frühes
Zeugnis eines schlichten und lichten
lutherischen Kirchenbaues

Vorbilder, Nachbauten und neue Wege

Vorbild für das aufwändige Dachwerk mit Hängegewölbe war das von Georg Beer 1583 begonnene Stuttgarter Lusthaus, dessen Entwurf Carl eigenhändig kopiert hatte. Der Grundriss der Kirche kombiniert einen schlicht rechteckigen Saal mit einem eingezogenen Rechteckchor im Osten, den zwei im Grundriss quadratische Türme flankieren. Als Vorbild für den von Türmen flankierten Chor dienten vorreformatorische Kirchenbauten. Dazu bot sich in nächster Nähe die Wallfahrtskirche Zur Schönen Maria an, deren Torso als lutherische Neupfarrkirche genutzt wurde.

Neben den rundbogigen Maßwerkfenstern, deren Profile noch spätgotisch ausgerichtet sind, weist die Dreieinigkeitskirche mit den drei Säulenportalen ausgesprochen moderne Elemente auf, die der italienischen, über Nürnberg vermittelten Renaissance verpflichtet sind. Stilistisch weist die Kirche damit einerseits in die Geschichte zurück, zugleich in die Zukunft voraus. In solch vermittelnder Positionierung zwischen Vergangenheit und Zukunft gleicht der Sakralbau der Institution Kirche – gleich welcher Konfession.

Die architektonische Fassung des Baumodells zur Dreieinigkeitskirche blieb allerdings eine Utopie. So blieb der Südturm unvollendet, da er von der Gesandtenstraße aus kaum

sichtbar ist, und erhielt lediglich ein Notdach. Die im Stich bereits verbreitete Version mit figurengeschmückten Portalen wurde weder im Baumodell noch an der Kirche selbst umgesetzt. Somit wirkt das heutige Erscheinungsbild der Kirche nüchterner, als Hans Carl es zunächst geplant hatte. Weitgehend verwittert und nur noch in Bruchstücken lesbar ist heute die Bauinschrift in der Kartusche des nördlichen Portals in der Gesandtenstraße. Lesbar ist nur noch die erste Zeile. Sie lautet »Hoch heilige Dreyfaltigkeit ...«.

Mit den Emporen entspricht die Dreieinigkeitskirche der Funktion, möglichst viele Menschen auf die liturgischen Hauptstücke Altar und Kanzel auszurichten und die instrumentale und gesangliche Musik aufzunehmen.

Ausmalung: ja oder nein?

Während der Erbauung fragte Johann Carl beim Rat der Stadt Regensburg nach, ob eine Ausmalung der Kirche für das Innere erwünscht sei. Dem Vorschlag wurde jedoch nicht entsprochen. Für Fresken hätten sich die von Carl vorgeschlagenen hochovalen Felder auf den Innenseiten des Tonnengewölbes geradezu angeboten. Carl ersetzte die Schlingrippen und ihre Ovale durch sechs aus Stuckrippen gerahmten Sterne, die das Tonnengewölbe gleichmäßig überziehen. Ihre Mitte ziert eine

monumentale Stuckrosette in Form einer Sonnenblume mit der Inschrift »SANCTAE TRINITATI SACRUM« – Heiligtum für die Trinität. Kein Bild, sondern nur diese Worte gelten der Trinität. Sie tritt somit nicht als dauerhafte Herrin dieses Gotteshauses auf.

Der Altar als Blickpunkt

Der Bildschmuck des Altars konzentriert sich auf die beiden biblisch zu belegenden Sakramente. Die Predella weist die Taufe Christi als friesartige Komposition auf, die der Regensburger Johann Paul Schwendter gemalt hat. Das wahrscheinlich von dem Augsburger Zacharias Schemel gemalte Retabel zeigt dagegen das Abendmahl. Ähnlich wie die Reformationsaltäre in Wittenberg und Regensburg (Neupfarrkirche) beschränken sich beide Bilder am Altar somit auf den Vollzug der Sakramente. Als visueller Zielpunkt der Innenperspektive dient die Figur des den Altar bekrönenden Engels. Ausgeführt von dem Bildhauer Leonhard Kern aus Schwäbisch Hall, hält er einen Palmzweig sowie eine Krone in Händen.

Der Chorraum

Die eschatologische Ausrichtung des Chors blieb in ihrer Symbolik ursprünglich auf den Engel mit Palmenzweig und Krone beschränkt. Wahrscheinlich während der von German Bestelmeyer geleiteten Restaurierung um 1900 kam die Bemalung der beiden Glasfenster in der Ostwand des Chors mit den Buchstaben Alpha (links) und Omega (rechts), sowie den vier apokalyptischen Wesen ergänzend hinzu. Diese späteren Additionen verstärken die endzeitliche Ausrichtung im Bildprogramm des Chors, die von Anfang an vorgesehen war und dessen räumliche Absetzung vom Kirchenschiff ikonologisch erklärt.

Die ursprünglich vorgesehenen gekurvten Schlingrippen kamen nur am Tonnengewölbe des Chors zur Ausführung. Damit zeichnet sich in den Formen der Dekoration eine konsequente Unterscheidung zwischen Langhaus und Chor ab. Der Innenentwurf beweist, dass schon im damaligen Stadium eine Dedikationsinschrift die Mitte der Decke einnehmen sollte: »SANC(ta) TRINITAS«.

Zum Einweihungsgottesdienst ist der Altar noch unfertig

Beim Einweihungsgottesdienst, den Matthäus Merian 1631 im Stich festhielt, hatten weder der Altar noch die Kanzel ihre definitive Form erhalten. Der Altar konnte erst 1637 dank einer Stiftung durch den Herzog Franz Albert von Sachsen-Lauenburg vollendet werden. Deshalb erscheint sein Wappen im Auszug des Altars. Ursprünglich waren dort die gekreuzten Schlüssel, das Wappen der Freien Reichsstadt Regensburg, vorgesehen.

Das Prunkstück der Kirche: die Orgel

Am längsten ließ das wertvollste Ausstattungsstück auf sich warten – die Orgel. Nachdem seit Entstehung der Kirche nacheinander zwei kleine Orgeln als Instrumente gedient hatten, von denen die erste acht Register umfasste, schuf 1758 der von Mozart sehr geschätzte Regensburger Klavier- und Orgelbauer Franz Jakob Späth die damals größte Orgel Regensburgs, die mit 26 Registern auf das bedeutende Raum- und Klangvolumen der Dreieinigkeitskirche abgestimmt war. Von der Späthorgel ist der Prospekt das Einzige, was heute noch existiert. Das dreitürmige Kronwerk folgt den Vorgaben des hölzernen Tonnen-

Seit über 200 Jahren befindet sich der Gesandtenfriedhof im Schatten der Dreieinigkeitskirche im Dornröschenschlaf. Davor wurden fast 100 Verstorbene beigesetzt. Unter ihnen befanden sich 45 Gesandte aus Thüringen, Kursachsen, Preußen, Dänemark und Schweden

gewölbes, in das hinein es komponiert erscheint. Der in anmutig bewegten Rokoko-Formen gestaltete Umriss des Prospekts kontrastiert gegenüber den Horizontalen der doppelten Emporen und betont gegenüber der Tektonik des Baukörpers die schwerelose, zur Transzendenz abhebende Leichtigkeit der Orgelmusik. Bis 2018 ist die Vollendung einer neuen Barockorgel im historischen Gehäuse geplant. Mit ihr wird die Dreieinigkeitskirche wieder auf eine vollständige Ausstattung verweisen können und für Gottesdienste und musikalische Darbietungen bereitstehen.

Für die Baukunst der Reformation bedeutet die Dreieinigkeitskirche in Regensburg den ältesten noch aktiv genutzten evangelischen Kirchenbau in Bayern, der dank der gelungenen jüngsten Restaurierung diese Ausnahmerolle bis heute bewahrt hat.

Der Gesandtenfriedhof um die Kirche

Der auf der Ost- und Südseite der Kirche angelegte Gesandtenfriedhof war als solcher zunächst nicht geplant, zumal Luther Friedhöfe innerhalb einer Stadt vermieden wissen wollte.

Er wurde für Reichstagsgesandte, deren Familienmitglieder sowie für aus Österreich vertriebene Exulanten angelegt und vermittelt einen repräsentativen Überblick über Regensburgs internationale Bedeutung als Sitz des Immerwährenden Reichstags. Die überwiegend barocken Grabmäler sind nur zum geringeren Teil figürlich angelegt. Wichtiger sind die umfangreichen lateinischen Inschriften, in denen die Viten und Verdienste der Verstorbenen ausführlich referiert werden und der als »Viator« (Reisender) angesprochene Leser zum Bedenken der eigenen Vergänglichkeit eindringlich ermahnt wird. •

► **PROF. DR. HANS-CHRISTOPH DITTSCHEID**
ist emeritierter Professor für Mittlere und Neuere Kunstgeschichte an der Universität Regensburg und Mitglied der ICOMOS, Paris.

Von der vorreformatorischen Stiftskirche zum Zentrum der Gemeinde heute

St. Oswald: ein Ort der Reformation

—

VON HARALD BERGHOFF

Die Kirche St. Oswald liegt am unteren Ende des Weißgerbergrabens, wo sich der Eiserne Steg über die Donau spannt und die Regensburger Flussinseln erschließt. Sie ist eine vorreformatorische Stiftungskirche, über die wir trotz ihrer etwa 700-jährigen Geschichte vergleichsweise wenig wissen.

Zur Baugeschichte

St. Oswald wird um 1300 erbaut. Möglicherweise sollten dort die Karmeliten wirken. Diese lassen sich jedoch unter Protektion der Wittelsbacher Herzöge in Straubing nieder und geben diesen Standort auf. Die Patrizierfamilien Auer und Prager (auch Striegel genannt) investieren in den sakralen Bau und erweitern den Standort um eine Stiftung für zwölf Pfründnerinnen. Nach dem Aussterben der Patronatsfamilien zieht die Reichsstadt Regensburg 1483 die Kontrolle über die Stiftung an sich. Die Stadt wird 1542 lutherisch und spricht 1553 St. Oswald den evangelischen Gottesdiensten zu.

Der Chor und der östliche Teil des Langhauses sind baulich auf die Zeit vor 1320 zurückzuführen. Der westliche Teil ist eine Erweiterung von 1604. Für den Besucher ist dieser Übergang vom Alt- zu Neubau an einem Knick in der Außenwand bzw. im Inneren am nördlichen, auf der Donauseite gelegenen Gestühl erkennbar. Der zuvor an dieser Stelle befindliche Siechen- oder Krankensaal wurde durch einen mit kleinen, individuellen Kammern ausgestatteten Wohnbau ersetzt, dem heutigen direkt an die Kirche anschließenden Studentenwohnheim Weißgerbergraben 3.

St. Oswald als älteste Kirche der Reformation

Gerne wird übersehen, dass die Erweiterung und Modernisierung dieses Kirchenbaus 1604 wohl das älteste erfahrbare Objekt der Reformation in Regensburg ist. Durch das neue Gestühl und die zweigeschossige Empore schafft die Reichsstadt der versammelten Gemeinde viel Raum, um den evangelischen Gottesdiensten zu folgen. Die hölzerne Ausstattung bleibt bis ins 18. Jahrhundert streng und einfach gehalten. Der heute erhaltene reiche Bilderschmuck ist eine spätere Änderung.

Die Ausschmückungen der Kirche im 18. Jahrhundert

Für etwa ein Jahrhundert bleibt St. Oswald weitgehend unverändert. In den Jahren 1708/09 erfährt die Kirche eine radikale Veränderung ihrer Erscheinung, weg von der »protestantisch« strengen, nüchternen Ausstattung hin zum farbenfrohen, sinnlichen, ja fast schon »katholischen« Hochbarock. Nicht nur an die Decke, auch entlang der zweigeschossigen Emporen werden Stuck, Schnitzereien und farbige Bildtafeln angebracht.

In der großen Reichsabtei der Benediktiner, St. Emmeram, widmet sich der barocke Bilderzyklus ganz traditionell dem Leben und Wirken des Namenspatrons der Kirche. Den Heiligen Oswald sucht man in »seiner« Kirche vergebens. Die große Dominante in der reichen Ausschmückung ist hier die Bibel. Die Deckenbilder und Tafeln der oberen nördlichen Empore weisen auf Parallelen von Altem und Neuem Testament hin. Hierin spiegelt sich eine schon im Mittelalter bekannte Denkschule der christlichen Lehre, nach der sich bereits in den Geschichten der Alten Schrift das Heilsgeschehen Jesu Christi abzeichnet. Entlang der unteren südlichen Empore berichtet eine Bilderreihe über das Gleichnis vom verlorenen Sohn.

So gefällig die Innenausstattung der Kirche wirkt, es fehlen Teile des beschriebenen Bilderzyklus. Die ursprüngliche Anordnung wird durch den Einbau einer neuen Orgel 1750 durchbrochen, nachdem hierfür an der Westseite die obere Galerie entfernt wird und die Front der unteren Empore einen barocken Schwung erhält. Dafür wird sie zersägt und neu auf-

St. Oswald liegt unscheinbar an der Donau und wird gerne übersehen. Eingepasst in romanische Bausubstanz überrascht hinter dem Jugendstil-Portikus ein in gotischer Hülle üppigst wuchernder Barock

gebaut. In Bezug auf die südliche obere Empore ist die Quellenlage ungenau. Es gibt Hinweise, dass zwischen 1725 und 1750 ein schwerer Schaden auf der Südseite der Kirche aufgetreten ist. Möglicherweise hat ein Sturm Teile des Daches fortgerissen, so dass eindringendes Wasser das südliche Deckenbild und die obere Empore nachhaltig schädigte und Letztere abgetragen wurde.

Volkstümliche »Schulkirche« und »Kinderkirche«

Grundsätzlich entspricht ein reicher Bilderschmuck nicht dem protestantischen Wesen. Wieso hat sich diese untypische Gestaltung in St. Oswald durchgesetzt und bis heute erhalten? Eine Antwort mag der volkstümliche Name »Schulkirche« oder »Kinderkirche« geben, der bis ins 20. Jahrhundert gebräuchlich war. Er lässt sich zurückführen auf die vielen Generationen von Konfirmanden, die in dieser Kirche zum Religionsunterricht und zur Sonntagsschule erschienen sind. Es haben sich auch Berichte über Erwachsene erhalten, die an solchen Unterrichten teilgenommen haben.

Zur Unterstützung und Ergänzung der Kirchenmusik wird 1750 die bereits erwähnte Orgel eingebaut. Ursprünglich von Franz Jakob Späth gebaut und 1991 umfassend restauriert, ist dieses Barockinstrument nicht nur prächtig anzusehen, sondern auch wundervoll anzuhören. Im Gottesdienst beliebt, in Konzerten gefeiert, ist es ein auch überregional bedeutendes Klangdenkmal.

Zu Beginn des 19. Jahrhunderts führen die Umbrüche jener Zeit zu einer Trennung von Kirche und Stiftung. Die evangelische Bevölkerung der Stadt ist bemüht, die nur vier protestantischen Kirchen zu sichern. Durch die Neuordnung des Kirchenwesens wird St. Oswald eine Filialkirche der Gemeinde der Dreieinigkeitskirche. Letztere erfährt in den 2010er Jahren eine Generalsanierung, so dass St. Oswald in dieser Zeit zum Zentrum der Gemeinde wird. Gottesdienste finden nicht sonntäglich, aber regelmäßig statt. Besonders beliebt ist die Kirche für Trauungen und Taufen sowie für Konzerte und Ausstellungen. Das vielfältige Programm bereichert das kulturelle Leben in Regensburg. ●

▶ HARALD BERGHOFF, M. A.
ist Kunsthistoriker und Glockensachverständiger in Regensburg.

Die evangelischen und de echt'n Domspatzen ...

VON THOMAS KLENNER

Ehemalige Domspatzen treten längst ökumenisch auf. Zumindest in der Schlagerbranche. Der Protestant Valentin Pongratz und der Katholik Martin Piendl wollen unter den Künstlernamen Kevin & Manuel Schlagerkarriere machen. 2014 gewann das Regensburger Schlagerduo das Finale der »Sommerhitparade« bei der ARD-Sendung »Immer wieder Sonntags«. Nun wollen sie mit dem Lied »Papa Francesco« einen Hit landen.

Aber auch bei tiefsinniger Betrachtung sind die Domspatzen mehr als protestantisch angehaucht. Am Musikgymnasium der Domspatzen ist jedem dieser heranwachsenden Singvögel das lutherische »Hier-stehe-ich-Bewusstsein« pädagogisch anerzogen. Ohne arrogant zu wirken, wissen die Schüler, was sie wert sind, und strotzen vor Selbstbewusstsein. In Zeiten der Aufarbeitung schlimmer Missbrauchsfälle aus der Vergangenheit keine Selbstverständlichkeit.

Die evangelischen und de echt'n Domspatzen – das war vielleicht mal, als Papst Benedikt XVI. Regensburg besuchte. Kann schon sein, dass damals die Echt'n in vorderster Reihe standen,

um seiner Heiligkeit die Peinlichkeit zu ersparen, »der Domspatz ist konfirmiert«.

Und weil wir schon beim Thema sind: Bei der Eucharistie wird weidlich das Verbot des Codex Iuris Canonici gebrochen. Kanon 844, §1 des Kirchenrechts untersagt, die Kommunion Nichtkatholiken zu reichen. Aber weil man die evangelischen von den echten Domspatzen rein äußerlich nicht unterscheiden kann, ist das Verbot praktisch nicht durchführbar. So die offizielle Version. Natürlich kennt der Herr sei G'scherr, die Domspatzen sind eine Familie, da wird keiner ausgeschlossen, Kirchenrecht hin, Codex Iuris her.

Dabei haben Evangelische schon immer ihr Scherflein dazu beigetragen, den weltberühmten Knabenchor zu stärken. Erinnert sei an Kai-Uwe von Hassel, in den 60er Jahren unter anderem Ministerpräsident von Schleswig-Holstein und Bundesminister für Verteidigung. Er vertraute seinen musikalischen Sohn Jan den Domspatzen an. So verhandelte Kai-Uwe von Hassel zum Beispiel in Hamburg mit der Firma Steinway, um einen Flügel günstig zu bekommen, auf dem bereits Justus Frantz gespielt hatte. Ein

Orgelbauverein wurde gegründet, mit von Hassel an der Spitze.

Schon längst teilen die »Echten« mit den Evangelischen ihr Nest bei den Domspatzen. Ökumene ist nicht nur ein Wort. Seit zwei Jahren werden die evangelischen Schüler bei den Domspatzen bis zum Abitur geführt. Die hauseigene Konfirmation ist eine weitere Besonderheit der Domspatzen. Alle zwei Jahre werden die evangelischen Schüler der 7. und 8. Klasse in der Hauskapelle konfirmiert. Den schulinternen Konfirmandenunterricht und ein jeweiliges Praxisprojekt gestaltet der Schulpfarrer. Die gesamte Domspatzenfamilie nimmt am evangelischen »Fest der Feste« teil.

Durchschnittlich 50 der rund 300 Schüler pro Schuljahr sind evangelisch. Sie kommen aus Amerika, England und aus »Preußen«, sprich Franken, und weiter oben.

Auch bei den Domspatzen gibt es Fußballfans. Während die echten Domspatzen meist Bayern-Fans sind, sich vereinzelt zu den Münchner Löwen bekennen, tragen die evangelischen das gut protestantische Club-Trikot oder wagen sich mit dem Dortmunder Gelb-Schwarz auf die Flure.

Und irgendwie wünscht man sich, dass Kevin & Manuel zum Reformationsjubiläum 2017 einen weiteren Schlager herausbringen. Wie wär's mit »Eine Frage noch Herr Luther ...«? •

▶ **THOMAS KLENNER**
ist evangelischer Schulpfarrer bei den Domspatzen.

Helfen – pflegen – beistehen – unterstützen

Evangelische Stiftungen in Regensburg

—

VON ULRICH SCHNEIDER-WEDDING

Seit jeher ist das aktive Sich-Kümmern um die Schwachen das, was Kirche ausmacht. In der Geschichte Regensburgs bestimmte ein Miteinander und Ineinander von christlich-kirchlicher Verantwortung und »selbstverständlicher« Humanität weltlicher Bürger das Werden und Gedeihen sozialer Einrichtungen und der sie tragenden Stiftungen.

Erste Stiftungen im Mittelalter

Die Zandtengasse ist nach der im mittelalterlichen Regensburg einflussreichen Familie Zan(d)t benannt. Von zwei Brüdern Zandt wurde an der Wende vom 13. zum 14. Jahrhundert ein »Lazarusspital« gestiftet. Es lag auf dem Gebiet des heutigen Stadtparks und wurde im Dreißigjährigen Krieg abgebrochen, weil es Angreifern vor den Mauern hätte Deckung bieten können.

In derselben Epoche stiftete ein Adliger das St.-Oswald-Spital, das acht Frauen aufnehmen konnte. Davon existiert bis heute eine Nachfolgeeinrichtung: ein Studentenwohnheim neben der evangelischen St.-Oswald-Kirche am Weißgerbergraben.

Die Evangelische Wohltätigkeitsstiftung Regensburg (EWR)

Heute gehören beide Stiftungsvermögen zur »Evangelischen Wohltätigkeitsstiftung Regensburg« (EWR), der wichtigsten und bis heute sichtbarsten evangelischen Betreiberin sozialer Einrichtungen. Neben der sehr umfangreichen St.-Lazarus- und der kleineren St.-Oswald-Stiftung flossen die ebenfalls große »Bruderhaus«-Stiftung sowie drei kleinere Stiftungen in das EWR-Vermögen ein.

Das Bruderhaus und seine Tradition

Das »Bruderhaus« entstand im 15. Jahrhundert am Emmeramsplatz für ehemalige Handwerker und betagte Bürger der Stadt, die wegen ihres klosterähnlichen Zusammenlebens als »Brüder« bezeichnet wurden. Die Hauskapelle jenes spätmittelalterlichen Seniorenheims blieb erhalten, dient heute als Klinikkirche, heißt immer noch »Bruderhauskirche« und zählt zu den vier alten evangelischen Kirchen in der Regensburger Innenstadt.

Diese mittelalterlichen Stiftungen wurden deshalb »evangelisch«, weil sich die Reichsstadt mit ihren Bürgern 1542 der Reformation anschloss. Dagegen wurden jene Einrichtungen, die zum Bischof, zu den beiden großen reichsunmittelbaren Klöstern Ober- und Niedermünster und anderen Klöstern gehörten, zur Grundlage der heutigen katholischen Dienste und Werke.

Heutzutage sind die mit »EWR« gekennzeichneten Autos des Pflegedienstes überall in der Stadt zu sehen. Ebenso fällt – noch – das von der EWR getragene Evangelische Krankenhaus am Emmeramsplatz auf, egal ob man von der Innenstadt, vom Bahnhof oder von einem der Parkhäuser zum »Schloss« (eigentlich: Kloster St. Emmeram) geht.

Die konfessionelle Doppelklinik

Dieses Krankenhaus wurde 1806 in der Ostengasse gegründet. An das bereits bestehende katholische Krankenhaus wurde das evangelische angebaut. 1837 zog diese Doppelklinik an den Ägidienplatz 6 (Deutschordenshaus) um. 1881/82 erfolgte ein Neubau auf dem EWR-eigenen Grundstück des ehemaligen Bruderhauses. Das antiökumenische Klima unter Bischof von Senestrey und ein erhöhter Platzbedarf führten zur Trennung.

Rechtliche und organisatorische Grundlagen der Regensburger Stiftungen

Bei der Evangelischen Wohltätigkeitsstiftung sind einerseits bis heute Schlüsselpositionen (»Stiftungsrat«) satzungsgemäß mit Protestanten bzw. Funktionsträgern der evangelischen Kirche besetzt, andererseits wird sie immer noch vom Stadtrat der ehemaligen Reichsstadt regiert, obwohl dieser schon seit Langem mehrheitlich katholisch ist. Und natürlich steht sie allen, unabhängig von der Konfession, zur Verfügung – solange es nur um Dienstleistungen geht, die privat, von einer Versicherung oder vom Sozialamt bezahlt werden.

Der Konfessionsbezug ergab sich aus dem Augsburger Religionsfrieden 1555 und aus dem Westfälischen Frieden, mit dem 1648 der Dreißigjährige Krieg beendet wurde; Stichtag für die Bemessung war der 1. Januar 1624. Durch beide Frie-

Die im Kern aus dem 15. Jahrhundert stammende Bruderhauskirche erhielt in der Reformationszeit ihre Ausstattung zum Gebrauch als lutherischer Gottesdienstraum. Das Altarfenster mit dem Guten Hirten stammt aus dem 19. Jahrhundert

densschlüsse wurde die Koexistenz der Konfessionen im Reich schrittweise von einem Schwebezustand in Rechtssicherheit überführt. Der Westfälische Friede ist bis heute die rechtliche Grundlage für das Verhältnis der zwei Konfessionen zueinander, auch wenn Weimarer Verfassung und Grundgesetz eine stärkere Trennung von Kirche und Staat vorsehen und anderen Religionsgemeinschaften prinzipiell den Zugang zu den Privilegien der Katholischen und Evangelischen Kirche öffnen.

Querelen und Ausgleiche zwischen den evangelischen und katholischen Ansprüchen

Trotz dieser Festschreibung des konfessionellen Status quo unternahm man in Regensburg noch 1827 den Versuch, katholische Ansprüche am evangelischen Bruderhaus abzuleiten. Nur durch langwierige Verhandlungen und 90.000 Gulden konnte die evangelische Kirche 1833 diese Ansprüche ablösen. Mit dieser »Millionensumme« wurde ein katholisches »Bruderhaus« finanziert, das heu-

tige Bürgerstift St. Michael. Aus dem Westfälischen Frieden ergaben sich auch umgekehrt evangelische Anrechte an dem in Stadtamhof gelegenen Katharinenspital; dieses wurde durch einen paritätisch besetzten »Spitalrat« geleitet, bis 1891 gegen 400.000 Mark die evangelischen Ansprüche abgegolten wurden.

Neben der EWR ist noch die »Protestantische Alumneumsstiftung« zu erwähnen: Sie diente ursprünglich der Unterhaltung eines Wohnheims für Schüler des reichsstädtischen Gymnasium poeticum (»Schule der Kreativen« ▶ S. 32f. und S. 48–53).

Neue Entwicklungen fordern neue Stiftungen

Als die Universität Regensburg 1967 den Vorlesungsbetrieb aufnahm, tat sich ein neuer Bedarf auf, der dem Stifteranliegen sinngemäß entsprach: der Bau von Studentenwohnheimen. Mit dem Melanchthonheim in der Boessnerstraße (1971), dann (1996) auch mit dem Hiltnerheim in Königswiesen-Süd und dem

Bonhoefferheim (2006) in Burgweinting leistet die Alumneumsstiftung einen wichtigen Beitrag zur Entlastung des studentischen Wohnungsmarktes.

Aber auch auf mildtätigem Gebiet blieb die EWR nicht alleine: Zahlreiche weitere Stiftungen entstanden um die Wende vom 19. zum 20. Jahrhundert. Viele waren von vornherein Zustiftungen zur EWR, andere wurden aufgrund des ähnlichen Stiftungszwecks irgendwann in die EWR eingegliedert. Unter den eigenständig gebliebenen Wohltätigkeitsstiftungen sind zwei besonders große Nachlässe vermögender Bürger zu nennen: einmal die Gräflich-Von-Doernbergsche Waisenfondsstiftung, die bis heute Waisen auf Antrag unterstützt, zum anderen die Sidonie Wolffs Stiftung eines »Heims für unbescholtene Jungfrauen«, die dazu beitrug, aus dem eingangs erwähnten alten St.-Oswald-Stift ein zeitgemäßes Wohnheim zu machen.

Von den neueren Stiftungen ist wegen ihres Umfangs noch diejenige der Buchbinderseheleute Gustav und Maria Gistel (1895) zu erwähnen. Sodann haben Margarete Abicht (1932), Theodora Jung (1973), Christiane Friedlein (1987), Andreas und Karoline Albrecht (2001), Rita Müller, die Witwe des langjährigen Belegarztes Dr. Fritz Müller (2007), Dr. Siegfried und Ingeborg Rabe (2010) der EWR namhafte Zustiftungen gemacht. Frau Luise Mozek († 2012) hat 2005 eine eigenständige Stiftung für die Diakonie (Luise-Mozek-Stiftung) gegründet. Diese Stiftung wurde von Frau Elfriede Prüfer († 2010) und Frau Sofie Windfelder († 2014) ebenfalls mit namhaften Zuwendungen bedacht.

Unruhe in jüngster Zeit um die Zukunft der EWR

Gegen Ende des Jahres 2013 sorgten Entscheidungen über die Zukunft der EWR und ihres Krankenhauses für Unruhe: Hinter verschlossenen Türen hatten Zuständige aus Stadtrat und evangelischer Kirche die Schließung des Krankenhausstandorts am Emmeramsplatz, die Eingliederung des Evangelischen Krankenhauses in den weitaus größeren Anbieter Barmherzige Brüder und einen kleinen EWR-Anteil an einer geriatrischen Einrichtung der Barmherzigen Brüder beschlossen. Als dies Mitte November 2013 einer verblüfften Öffentlichkeit bekanntgegeben wurde, erhob sich ein Proteststurm. Insbesondere die Begründung, das Krankenhaus mache Verluste, konnte nicht überzeugen. Diese Verluste waren – vor allem in Relation zum immensen Stiftungsvermögen – nicht allzu groß; der Wille der Stifter war es ja gerade, etwas zu finanzieren, was kein gewinnbringendes Geschäft ist. Darüber hinaus ist das »Evangelische« die einzige im Stadtzentrum gelegene Klinik. Mit ihren Leistungen in Gynäkologie, Innerer Medizin, HNO und Chirurgie, einschließlich einer unkompliziert zugänglichen chirurgischen Ambulanz, ist sie aus dem Leben der Stadt nicht wegzudenken.

Der Turm der Bruderhauskirche in der Oberen Bachgasse an der Ecke zum Emmeramsplatz

Einige Tage später wurden andere Gründe genannt: Die Decken seien nicht genügend feuerfest; Zuschüsse für eine Generalsanierung gebe der Staat nicht, nur für einen Neubau an anderer Stelle. Hier fragte man sich, warum die letzte Generalsanierung (1994) feuerpolizeilich abgenommen wurde und warum die Evangelische Kirche nicht um die Erhaltung des allseits beliebten »Ev« am bewährten Standort kämpfte, und zwar unter Einbeziehung der Öffentlichkeit.

Unter diesen ungünstigen Vorzeichen der für eine Demokratie ungewöhnlichen Intransparenz bei der Entscheidung über das Krankenhaus sehen viele Regensburger Protestanten der Zukunft ihrer Wohltätigkeitsstiftung mit gemischten Gefühlen entgegen. Befürchtet wird, dass das Krankenhausgrundstück in Filetlage nicht im Eigentum der Stiftung bleibt, sondern dem gegenwärtigen Gentrifizierungstrend geopfert und mit teuren Wohn- und Gewerbeimmobilien bebaut werden wird. Von der Rathausspitze selbst kommen in jüngster Zeit allerdings Signale, dass der Emmeramsplatz »evangelisch bleiben« soll. Dies verdient jedwede Unterstützung durch die Evangelische Kirche und den Stiftungsausschuss. ●

▶ DR. ULRICH SCHNEIDER-WEDDING
ist Pfarrer und Seelsorger in den Kirchgemeinden Plößberg-Schönkirch, Wildenau und Püchersreuth.

Jung, lebendig und bunt

Interkulturelle Gemeinden in Regensburg

—

VON FRIEDRICH HOHENBERGER

Vor 12 Uhr endet der Gottesdienst der Evangelischen Studentengemeinde (ESG). Die Kerzen werden gelöscht, der Altar abgeräumt. Jetzt schleppen Koreaner weitere Stühle in die Kapelle. Die Studierenden leeren die Reste des Abendmahlskelches. Ein kleiner Chor übt am Klavier. Die Stimmen füllen das ganze Haus. Es sind koreanische Profi-Musiker. Sie kommen aus Passau, Landshut, Regensburg und sind dort im Theater beschäftigt. Alle sind festlich gekleidet, denn es ist Sonntag. Sie feiern ihren reformiert geprägten Gottesdienst. Kinder haben Malzeug dabei, Frauen schleppen Schüsseln in die Küche.

Dort sitzen bereits die Vietnamesen und essen: Sie sind die jüngste Gemeinde im Haus. Der Gemeindesaal der ESG ist mit Orchideen geschmückt, Frauen tragen Blumen im Haar. Voller Neugier entdecken sie noch Geschichte um Geschichte aus der Bibel. Ein Presbyter war Physiker in Prag, andere waren Gastarbeiter in der DDR, wieder andere kamen in Booten übers Wasser. Irgendwie waren sie dann alle in Regensburg gestrandet. Jetzt sitzen sie im Boot der Kirche. Weil die Deutschen nicht richtig kochen, haben sie eine Nische für sich entdeckt: Restaurants. Die sind sonntags geschlossen, das ist für einen nun christlichen Wirt Ehrensache. Dafür entdeckten sie Jesus: diesen Gott, der ein Mensch ist, ganz unten ist, aber ins Leben aufbricht. Die EKD unterstützt die Gemeinde. Sie ist eine von sieben in Deutschland.

Wenn sich später die Koreaner zu Tisch setzen, übernehmen die Afrikaner die Kapelle: David, Daniel, Marianne trudeln ein, dazu der kleine Noah – und Martin Luther. So wurde er von seinen Eltern getauft, als sie nach Deutschland kamen. In Togo war ihnen nachgestellt worden, hier erhielten sie Asyl. Den größten Namen der neuen Heimat sollte ihr Sohn tragen, damit er sich gut integriert.

Ältere Damen kamen in die Gemeinschaftsunterkunft und brachten ihnen Deutsch, Pünktlichkeit und Disziplin bei. David Kangni, ehemals Lehrer, ist heute Prediger. Im Brotberuf arbeitet er bei BMW am Band. Präzision und Pünktlichkeit kreuzen sich mit seinem Glauben: Er trägt akkurat seinen schwarzen Anzug. Frauen tragen Kopfschmuck. Die afrikanischen Kinder belagern den Kicker, die koreanischen klimpern am Klavier. Sie unterhalten sich im breiten Bayerisch. David begrüßt die Inder, die bei Continental arbeiten, und ein Ehepaar aus Kanada, das die Tochter an der Uni besucht. Und dann wird lange gesungen, gebetet und gefeiert. Lachend meint David, dass der Heilige Geist keine Pünktlichkeit kennt und mindestens zwei Stunden braucht, bis er warm wird.

Wenn David die Trommeln in die Sakristei zurückstellt, versammelt sich die englischsprachige Gemeinde zum Abendlob. Rhona Dunphy, Pfarrerin der Church of Scotland, hat Lieder in der

Martin Luther Kangni mit Playmobil-Luther. Als Kind ist er mit seinen Eltern aus Togo nach Regensburg geflüchtet. Er hat später in Weiden studiert und trägt stolz seinen Namen

Tradition der Iona-Gemeinschaft eingeführt. Die werden jetzt angestimmt. Sie knüpfen an das alte Band an, das einst iroschottische Mönche nach Regensburg brachten. Vielleicht ist dies das innere Geheimnis des Christentums: Es kennt keine Grenzen in Raum und Zeit, sondern nur eine große tiefe Heimat. ●

Die zeitfernste aller deutschen Städte, ohne alle Verbindung zur Gegenwart?

Regensburgs Weg in die Moderne

—

VON FRIEDRICH HOHENBERGER

St. Matthäuskirche

Seit 1903 fuhr Regensburg mit Straßenbahn ins 20. Jahrhundert. Der Donauhafen wurde ausgebaut und die jüdische Gemeinde erhielt 1912 eine neue Synagoge. Aber die Entwicklung blieb weit hinter der Dynamik des Reiches zurück. Als die »zeitfernste aller deutschen Städte, ohne alle Verbindung zur Gegenwart« hatte sie Viktor Klemperer bei einem Besuch 1917 bezeichnet. Bis in die Mitte der 20er Jahre galt sie als die Seuchenstadt Bayerns: Zwei Drittel der Einwohner waren unterernährt. Es grassierte Tuberkulose und nur drei von vier Säuglingen überlebten. Wohlstand sollte die Ansiedlung der Ford-Werke schaffen. Der Plan scheiterte an kirchlichen Widerständen: Sie fürchteten das Anwachsen der Arbeiterschaft – und damit verbunden der Sozialdemokratie. Stattdessen kam der Tourismus: Für Linienflüge nach Nürnberg und Plauen wurde 1926 eine Flugzeuglandebahn gebaut.

Regensburg im III. Reich

Die Mehrheit wählte konservativ katholisch die Bayerische Volkspartei (BVP). Massive Propaganda und angedrohte Repressalien änderten daran auch im März 1933 nichts: Bei den Reichstagswahlen stimmte nicht einmal ein Drittel der Wähler für die NSDAP. Dennoch war die Stadt bereits im Juli 1933 dem NS-Regime gleichgeschaltet. Das Führerprinzip wurde durch Oberbürgermeister Dr. Otto Schottenheim (1890–1980) durchgesetzt. Die Flugbahn lockte das Messerschmitt-Werk nach Regensburg. Es wurde die größte Flugzeugschmiede des Reiches. Nach wiederholten Luftangriffen wurde die Produktion dezentralisiert oder in Gusen bei Mauthausen unter die Erde verlegt. Zigtausend Zwangsarbeiter und KZ-Häftlinge wurden Opfer menschenunwürdiger Sklavenarbeit. Beispiellos war 1938 der nach der Zerstörung der Synagoge für jüdische Mitbürger veranstaltete Schandmarsch vom Neupfarrplatz zum Bahnhof. Dort erfolgte der Abtransport nach Dachau. Ab 1940 wurden im Rahmen der sogenannten »Euthanasie«-Aktion 638 behinderte Menschen zur Ermordung deportiert. Am Kiosk des Neupfarrplatzes trafen sich unbescholtene Bürger und tauschten ihren Unmut gegen das Regime aus. Sie wurden 1942 gnadenlos als Widerstandsgruppe verfolgt, neun von ihnen ermordet.

Im Frühjahr 1945 befand sich das Reich in Auflösung. Kaum jemand nahm in den ersten Apriltagen Notiz von den prominenten Häftlingen im Gefängnis an der Augustenstraße: Die SS verschleppte den französischen Ministerpräsidenten Léon Blum und Familien des deutschen Widerstandes Richtung Alpenfeste. Unter ihnen war auch der international bedeutendste Theologe des 20. Jahrhunderts: Dietrich Bonhoeffer. Sein Weg führte von hier nach Flossenbürg, wo er am 9. April ermordet wurde. Während sich der katholische Bischof Michael Buchberger in einem Keller versteckt hielt, setzte sich Domprediger Johann Maier für eine friedliche Übergabe der Stadt ein. Er und zwei Mitstreiter bezahlten das am 24. April mit ihrem Leben. Drei Tage später übernahm die US-Armee die Stadt.

Befreiung, Zusammenbruch, Wiederbeginn

Am Sonntag nach Kriegsende ermahnte der Prediger der Neupfarrkirche seine Gemeinde zu besonderer Achtsamkeit: Nur in Regensburg als einziger deutscher Großstadt überstanden alle evangelischen Kirchen unversehrt den Krieg.

Verantwortlichkeit wurde in der Nachkriegszeit das Merkmal evangelischer Identität. Herausforderungen dazu gab es genug: Vertriebene suchten Heimat,

Davongekommene Orientierung, Opfer eine Aufarbeitung des Unrechts, und junge Menschen Werte gegen den Ungeist der Vergangenheit.

Die historische Altstadt hatte kaum nennenswerte Zerstörungen. Viele strömten in die Stadt. Ein junger Pfarrer fiel auf: Er organisierte Spenden und Unterkünfte. Er verteilte Hilfsgüter christlicher Werke aus Übersee. Er begründete die Innere Mission, das heutige Diakonische Werk. Für Studierende schuf er 1946 Mensa, Wohnheim und die Evangelische Studentengemeinde: Adolf Sommerauer (1909–1995) sprach verständlich vom Glauben und antwortete auf alle Fragen, die Menschen auf der Seele brannten. Später wurde er bei einem Millionenpublikum als erster Fernsehpfarrer der Republik äußerst beliebt.

Seit über 300 Jahren war keine evangelische Kirche mehr gebaut worden; in nur 50 Jahren nach dem Krieg waren es mehr als zehn. Aus den beiden historischen Altstadtgemeinden wurden acht. Auf zwölf Jahre der Religionsverachtung folgte eine Blüte der Kirche.

Die Kirche St. Matthäus setzte dabei nach Plänen von Adolf Abel 1953 neue Maßstäbe: Sie brach traditionelle Stilvorgaben auf und orientierte sich ausschließlich an den Bedürfnissen des Gottesdienstes. Der Kirchenraum war auf Kanzel und Altar ausgerichtet und flexibel mit Stühlen und beweglichen Trennwänden ausgestattet. Beigefügt waren Gruppenräume, Saal, Kindergarten, Mitarbeiterwohnung und Pfarrhaus. Es begann die Ära der Gemeindezentren. Sie wurden Inseln für alle, die nach Grund suchten. Auch das jüngste, durch Ricco Johanson projektierte Gemeindezentrum Maria Magdalena, im Stadtteil Burgweinting, spann 2009 diesen Faden weiter.

Kirchliche Strukturen nach 1945

1950 gehörten 84 % der Einwohner der röm.-kath. Kirche an. Ihr Anteil liegt

Himmelfahrtsgottesdienst im Dörnbergpark

heute bei 55 %. Der Anteil der Evangelischen blieb im selben Zeitraum konstant bei 14 %.

1951 wird der mit 24.000 km² in Bayern flächenmäßig größte Kirchenkreis Regensburg gegründet. In ihm leben heute in acht Dekanatsbezirken ungefähr 300.000 Evangelische. Der zuständige Regionalbischof hat seine Predigtstätte in der Dreieinigkeitskirche.

Das Donaudekanat Regensburg ist mit ca. 4.200 km² das größte Dekanat in Bayern. Der Dekan hat seinen Sitz an der Neupfarrkirche. In 24 Kirchengemeinden leben über 72.000 Evangelische.

In der Gesamtkirchengemeinde Regensburg sind ca. 20.000 Einwohner Mitglied der Kirchengemeinden Dreieinigkeitskirche, Neupfarrkirche, St. Matthäus, St. Markus, St. Lukas, St. Johannes sowie Maria-Magdalena der jüngsten Kirchengemeinde.

Regensburg ist Sitz des Diakonischen Werkes, des Evang. Jugendwerkes, der Evang. Jugendsozialarbeit, des Evang. Bildungswerkes, der Regensburger Kantorei sowie kirchlicher Stiftungen, wie der Protestantischen Alumneumstiftung oder der Gräflich Dörnberg'schen Waisenstiftung.

Auch in der Stadt wurde gebaut, saniert und manch hässlicher Eingriff – wie am Neupfarrplatz – wurde ihr zugefügt. 1967 gründete der Freistaat Bayern

in Regensburg die erste von vier Landesuniversitäten. Johann Vielbert eröffnete das erste und größte vollklimatisierte, zweigeschossige Einkaufszentrum der Republik. Durch die Ansiedlung eines großen BMW-Werkes 20 Jahre später und weiterer Weltfirmen entwickelte sich Regensburg zur Boom-Town: sie beheimatet mehr Arbeitsplätze als Einwohner. Unter den 150.000 Einwohnern verjüngen 34.000 Studierende das Stadtbild. Seit 2006 wird Regensburg durch die UNESCO als Weltkulturerbe gelistet. Seitdem steigt die Zahl der Touristen aus aller Welt spürbar.

Die christlichen Gemeinden Regensburgs freuen sich darüber, dass sich die jüdische Gemeinde bis 2019 eine neue Synagoge baut. So wurden 2015 alle Kollekten am Bürgerfestsonntag diesem Projekt gewidmet. Eine Ortsgruppe der Weltkonferenz der Religionen für den Frieden (WCRP) weitet die christliche Ökumene zu einer Ökumene der Weltreligionen. Die Zahl interkultureller Gemeinden wächst stetig. Pioniergemeinden feiern in Kinos, Kneipen oder Läden. An der Universität wurde 2002 eine ökumenisch genutzte Kapelle eingerichtet. Und die Ostbayerische Technische Hochschule (OTH) öffnete 2015 mit einem Raum der Stille die Tür in den weiten Raum postsäkularer Glaubenswelten. ●

Impressum

**REGENSBURG
ORTE DER REFORMATION**
Journal 32

Herausgegeben von Regional-
bischof Dr. Hans-Martin Weiss
Wissenschaftliche Begleitung:
Prof. Dr. Dr. h.c. Hans Schwarz
unter Mitarbeit von Friedrich
Hohenberger

Die Deutsche Bibliothek ver-
zeichnet diese Publikation in der
Deutschen Nationalbibliographie;
detaillierte bibliographische
Daten sind im Internet über
http://dnb.ddb.de abrufbar.

© 2016 by Evangelische
Verlagsanstalt GmbH · Leipzig
Printed in Germany · H 8052

IDEE ZUR JOURNALSERIE
Thomas Maess, Publizist,
und Johannes Schilling,
Reformationshistoriker

**GRUNDKONZEPTION
DER JOURNALE**
Burkhard Weitz,
chrismon-Redakteur

COVER & LAYOUT
NORDSONNE IDENTITY, Berlin

COVERBILD
Michael Vogl

REDAKTION
Thomas Maess

BILDREDAKTION
Thomas Maess in Zusammen-
arbeit mit Friedrich Hohenberger
und Michael Vogl

ISBN 978-3-374-04421-4
www.eva-leipzig.de

THOMAS MAESS,
verantwortlicher Redakteur
dieses Heftes

www.luther2017.de

Bildnachweis

Michael Vogl: Coverbild, S. 4, 8–11, 13 (unten), 14/15, 16, 18-21, 23, 26, 29,
31, 35–39, 65 (Mitte), 68/69, 71, 75, 80, 81
Historisches Museum Regensburg, Foto Zink: S. 2 (unten), 54–57
Friedrich Hohenberger: S. 13 (oben rechts), 28, 43, 58, 63, 65 (rechts), 73,
83, 85, 87, Umschlag hinten (innen)
Pressestelle des Oberkirchenrates im Kirchenkreis Regensburg: S. 1, 72
Pressestelle Bürgermeisteramt Regensburg: S. 5
Klaus Weber: S. 86
Thomas Maess: S. 12, 13 (oben links), 27, 30, 49, 51, 52, 60 (oben links), 84
Evangelisch-Lutherisches Kirchenarchiv Regensburg: S. 22, 60, 66
Thomas Kothmann: S. 33
Deutsche Bundespost: S. 44
Hans-Christoph Dittscheid: S. 76–78